echt EMF

Julia Effertz

Mut zur Verletzlichkeit

Intimität neu denken,
echte **Nähe** zulassen, erfülltere
Beziehungen führen

echtEMF ist eine Marke der Edition Michael Fischer
1. Auflage
Originalausgabe

Covergestaltung: Luca Feigs
Redaktion: Iris Rinser, Großkarolinenfeld
Layout und Satz: Luca Feigs
Druck und Bindung: GGP Media GmbH, Karl-Marx-Str. 24, 07381 Pößneck
Printed in Germany

ISBN 978-3-374-592249-3

www.emf-verlag.de

Inhalt

Für alle Menschen,
die sich mehr Intimität wünschen.

SPRACHLICHE VORBEMERKUNGEN

Gendern oder nicht gendern – das ist die Frage. Ich selber bin sprachfluid: Ich bin mit drei Sprachen aufgewachsen und fühle mich bis heute in allen dreien zu Hause. Jede Sprache hat ihre Sicht auf die Welt und drückt sie auf ihre Art und Weise aus. Im Englischen, meiner zweiten Muttersprache, stellt sich die Frage nach dem Geschlecht praktischerweise nicht: „Actor“ meint Schauspielerin genauso wie Schauspieler. Und auf Deutsch? „Schauspielende“, „Schauspieler:innen“? Wenn ich spreche, dann gendere ich gerne, ich mag das Spiel mit Worten, und ich wechsle zwischen den Registern, wenn ich spreche. Trotzdem habe ich mich beim Schreiben dieses Buches für eine flüssigere Lesart entschieden, also dafür, nicht zu gendern.

Wo immer ich im Folgenden eine generische Form verwende, meine ich damit explizit alle Menschen: Frauen, Männer und non-binäre Menschen. Gleichzeitig ist mir wichtig, darauf hinzuweisen: Intimität hat kein Geschlecht, sie ist menschlich.

Dass Intimität universell ist, bezieht sich auch auf die Filmbeispiele in diesem Buch, die mehrheitlich eine heterosexuelle Intimität zwischen Frau und Mann darstellen. Dies war lange Zeit die Norm in Film und Fernsehen. Auch meine Arbeitspraxis findet zu großen Teilen in diesem Bereich statt – wenngleich sich unsere Geschichten langsam, aber sicher ändern. Und das ist auch gut so. Für meine Betrachtung von Intimität und der intimen Szenen in diesem Buch gilt daher immer auch: Ganz gleich, wie sich die Paarkonstellation nach außen darstellt, es geht immer um den menschlichen Kern, um die Intimität. Um menschliche Gefühle. Und die kennen weder Alter noch Geschlecht noch sexuelle Orientierung. Beispiele aus meiner beruflichen Praxis schildere ich anonymisiert.

„Ich bin Intimitäts-koordinatorin“ – „Wie bitte?“

„Sex sells“, so möchte man heutzutage meinen. Er verkauft sich gut und ist ein einfach darzustellendes Symbol für Intimität. Wir alle haben dazu sofort Bilder im Kopf. Sex ist griffig, knackig und kann verbal und körperlich (vermeintlich) einfach gefasst werden. Wir „haben“ Sex und „machen“ Liebe – oder entscheiden uns dagegen. Wir erleben Lust, Ekstase und damit einhergehend die Dopaminkicks im Gehirn. Früh erfahren wir in unserer Sozialisation, dass es Sex gibt, tasten uns heran, lernen, wie das mit dem Sex und seinen körperlichen Abläufen geht, und verbringen in der Regel unser Leben damit, Sex zu praktizieren und zu konsumieren – oder auch nicht. Im Konsum unbegrenzter sexueller Möglichkeiten wird uns sexuelle Befreiung suggeriert. Aber sind wir das wirklich, frei? Oder suchen wir nicht in Wahrheit etwas anderes: echte Intimität?

Sex und Intimität sind nicht das Gleiche: Intimität hat einiges mit Sex zu tun und geht oft einher mit einer gelebten Sexualität, dennoch ist Intimität in ihrem Kern etwas anderes.

Sex kann uns geistig, emotional und körperlich „satt" machen – aber er kann uns auch einsam und hungrig zurücklassen; er kann uns eine zwischenmenschliche Verbindung über den Körper suggerieren, aber uns dabei genau die Nähe vorenthalten, nach der wir uns eigentlich sehnen. Und damit meine ich die Nähe, die Intimität, die Bindung schafft und den Kern unseres Menschseins und unserer seelischen und emotionalen Bedürfnisse nährt.

Mehr noch als Sex ist Intimität ein psychosoziales Grundnahrungsmittel, ein menschlicher Sehnsuchtsort – den wir brauchen und uns wünschen, aber den wir oftmals schwer greifen oder in Worte fassen können. Wir scheinen in unserer heutigen Zeit verbundener denn je durch moderne Formen der Vernetzung mittels Internet, Onlinedating, digitaler Kommunikation und einer selbstverständlichen Dauer-Erreichbarkeit. Sex ist nur einen Klick oder Swipe entfernt und besticht durch vermeintliche Dauerverfügbarkeit und unendliche Variabilität. Gleichzeitig kann man nicht umhin, festzustellen, dass gerade diese virtuellen Verbindungen echte Nähe und Bindung nicht unbedingt fördern. Intimität in ihrer eigentlichen Bedeutung kann man weder klicken noch konsumieren, anders als Sex umweht sie der Hauch des Mysteriösen, des Nichtgreifbaren, des vielleicht auch Angstmachenden – und des Versprechens echter, tiefer Verbindungen, die uns mehr nähren als der beste Sex.

Wie wir Intimität verstehen, wie wir sie erleben und wie wir sie, vielleicht, für uns erfüllender und tiefer gestalten können – davon handelt dieses Buch. Es ist ein etwas anderes Buch über Intimität, denn ich betrachte das Thema aus meinem Blickwinkel als „Intimitätspraktikerin". Ich gehöre selbst zu denjenigen, die mediale Bilder von Liebe, Sex und Nähe inszenieren, welche wiederum unsere privaten Vorstellungen und Praktiken von Intimität beeinflussen: Seit 2019 choreografiere ich als Deutschlands erste Intimitätskoordinatorin für Film, Fernsehen und Theater intime Szenen. Als erste Intim… wie bitte? Genau, Sie haben richtig gelesen: In-ti-mi-täts-ko-or-di-na-to-rin. Was für ein sperriger Begriff für einen noch recht neuen und nicht ganz alltäglichen Beruf! Die Bezeichnung sorgte damals, als ich 2019 diesen neuen Beruf nach Deutschland brachte, übrigens für den ersten Einwand meiner Gesprächspartner: „Aber Julia, das Wort klingt echt sperrig … so technisch … und irgendwie unsexy! Gibt es dafür nicht eine einfachere Bezeichnung? Oder irgendwie was … Kürzeres? So was wie Sex-Coach?“

Nun, einen Vorteil hat der sperrige Name: Er schafft interessante Gesprächssituationen mit fremden Menschen und hat bei mir sowohl im Privaten wie auch im beruflichen Kontext schon so manche spannende, tiefgründige, berührende Diskussion in Gang gebracht. Der Wunsch, über Intimität zu reden, ist bei vielen Menschen, unabhängig vom Geschlecht, vorhanden, und wir sollten öfter und mehr über sie sprechen.

Ich bin tatsächlich Intimitätskoordinatorin. Der Beruf entstand Anfang der Nullerjahre in den USA als „Intimacy Coordinator“, dort hatte er sich ursprünglich aus der Bewegungsarbeit der „Stunt Coordinators“ entwickelt, und daher kommt auch die Bezeichnung „Koordinator“. So wie die Stuntkoordination körperlich waghalsige Aktionen oder Szenen, in denen Gewalt dargestellt wird, choreografiert und bei einem Dreh absichert, so choreografiere ich Intimität und sichere den Dreh von intimen Szenen ab. Warum? Weil sowohl Stunt als auch Intimität Risikobereiche sind. Bei Stunt- und Kampfszenen können sich Schauspieler körperlich verletzen. Bei intimen Szenen können sich Schauspieler psychisch verletzen, es können persönliche Grenzen überschritten und die Intimsphäre verletzt werden. Das soll ich verhindern, denn unsere Intimsphäre ist ein sensibler Bereich, der zu Recht geschützt ist.

Film ist Illusion, und vieles sieht für uns als Publikum sehr echt aus, begeistert uns; wir glauben das, was wir sehen. Wenn Tom Cruise seine waghalsigen Stunts für *Mission Impossible* ausführt, dann sorgt ein Stunt Coordinator durch gute Planung, Choreografie und Absicherung dafür, dass er sich nicht verletzt und die Szene am Ende fantastisch aussieht. Auch wenn sich zwei Schauspieler in ihren jeweiligen Rollen für eine Szene schlagen müssen, sorgt eine Choreografie der ausgeführten Bewegungen dafür, dass sie sich nicht in echt schlagen. Die Schläge müssen für die Kamera echt aussehen, das Publikum soll später überzeugt werden. Aber das Blut ist nicht echt, es ist Kunstblut. So wie auch der Schweiß bei einer Sexszene nicht echt ist, sondern sorgfältig von Visagisten aufgetragen wird. Und auch wenn im Internet oft kolportiert wird, dass bestimmte Sexszenen in Film und Fernsehen echt seien, muss ich an dieser Stelle enttäuschen: Glaubwürdige Leidenschaft? Ja. Echter Sex? Nein. Schauspiel ist ein Handwerk und Film eine wunderschöne Illusion, die uns inspiriert, berührt und begeistert.

Es gibt unzählige Möglichkeiten, eine stimmige, glaubwürdige, fesselnde Intimität darzustellen und gleichzeitig die persönlichen Grenzen der Darsteller zu schützen. Meine Hauptwerkzeuge dafür sind die drei „Cs“: Communication (Kommunikation), Consent (Einvernehmlichkeit) und Choreography (Choreografie).

Ich sorge bei allen Beteiligten für eine klare Kommunikation über die intime Szene, die gedreht werden soll: Was wird erzählt und wie wird es erzählt? Hierüber muss Einvernehmlichkeit bei allen Mitwirkenden herrschen, das heißt, ich sorge dafür, dass die Schauspieler klar ihre Grenzen benennen und ihren Consent geben können. Einvernehmlichkeit ist die Basis meiner Arbeit, sie ist unverzichtbar, um das psychische Verletzungsrisiko in der Darstellung intimer Szenen abzumildern. Kein Schauspieler muss über seine persönliche Grenze gehen, um einen bestimmten Inhalt darzustellen. Hier kommt als dritte Säule meiner Arbeit die Choreografie der intimen Szene ins Spiel, das Herzstück meiner Arbeit. So wie ein Stunt ist auch Intimität körperliches Geschichtenerzählen – „Storytelling“, wie wir das im kreativen Jargon nennen: die Geschichte, die Gefühle, Stimmungen, Intention erzählt und sich dabei über die Körper ausdrückt. Das, was uns Zuschauer berührt. Intimität hat sehr viel von einem „Körpertanz“. Wie sinnlich, erotisch oder leidenschaftlich der Tanz zweier Figuren sein kann – diese Körperlichkeit choreografiere ich, so wie man einen Tango oder ein Ballett choreografieren würde.

Meine Arbeit deckt ein breites Spektrum an Szenen ab: vom romantischen Kuss über intime Berührungen am Körper bis hin zu leidenschaftlichen Liebes- und Sexszenen, bei denen die Darsteller teilweise oder auch ganz nackt sein können. Auch Szenen, in denen sexualisierte Gewalt gezeigt wird, gehören dazu.

Intime Szenen sind für Schauspieler riskant, denn die Darstellung von Intimität exponiert einen Menschen ungemein und birgt ein reales psychosomatisches Verletzungsrisiko. Bei einem Stunt kann der Schauspieler sich Knochen brechen – bei einer intimen Szene kann die Psyche brechen. Diese Szenen verlangen einem Schauspieler mental und emotional sehr viel ab, außerdem sind Grenzüberschreitungen nicht immer sofort als solche erkennbar. Hier kommen wir zu einem wichtigen Begriff, der ganz eng mit dem Thema Intimität verwoben ist: Verletzlichkeit. Früher hat man grundlegend anders auf diese Dinge geblickt, und lange Zeit nahm man die Verletzlichkeit und die Verletzungen vor allem von Schauspielerinnen bei intimen Szenen billigend in Kauf. Dies änderte sich schlagartig mit einem Hashtag: #metoo.[1]

EIN HASHTAG, DER DIE WELT VERÄNDERT HAT, ODER: WIE ICH EINEN NEUEN UND SEHR UNGEWÖHNLICHEN BERUF KENNENLERNTE …

Im Oktober 2017 ging eine Nachricht um die Welt und erschütterte die internationale Filmbranche. Damals veröffentlichten zwei amerikanische Zeitungen, die *New York Times* und der *New Yorker*, sehr umfangreich recherchierte Berichte über den langjährigen und systematischen Machtmissbrauch des amerikanischen Filmproduzenten Harvey Weinstein. Weinstein, der „Gott Hollywoods“, hatte über Jahre die Geschicke der amerikanischen Filmbranche geprägt. Die von seiner Firma produzierten Filme wie *Der englische Patient*, *Shakespeare in Love* oder Kultklassiker wie *Pulp Fiction* schrieben Geschichte. Weinstein selbst hatte die Macht, Menschen zu Stars zu machen. Er konnte Karrieren fördern – oder sie zerstören, was im Zuge der Ermittlungen gegen ihn erschütternde Gewissheit wurde. Zahlreiche Frauen beschuldigten ihn der sexuellen Gewalt und der Ausübung von Zwang und Nötigung unter teils verdeckter, teils offener Androhung negativer Konsequenzen für ihre weiteren Karrieren, sollten die Frauen ihm nicht gefügig sein. In vielen Fällen konnte nachverfolgt werden, wie Karrieren zum Erliegen kamen, wie Schauspielerinnen auf Geheiß Weinsteins mit dem Argument, dass sie schwierig seien, nicht mehr für Rollen besetzt wurden, nachdem sie sich ihm verweigert hatten. Je mehr Fakten zutage traten, desto erschütternder wurde das Bild des jahrzehntelangen systematischen Machtmissbrauchs. Weinstein musste sich ab Januar 2020 vor Gericht verantworten und wurde in zwei aufeinanderfolgenden Gerichtsprozessen zu jeweils 23 und 16 Jahren Gefängnisstrafe verurteilt. Aber es ging nicht nur um die Einzelperson, es ging um ein gesamtes System, welches all dies ermöglicht und dazu geschwiegen hatte. Hollywood hatte ein Problem – und Hollywood erkannte, dass es seine Strukturen hinterfragen und ändern musste.

Ich kenne die Geschichten meiner Kolleginnen und Kollegen gut. Zwar ist mir selbst in meinem Schauspielberuf nie etwas Schlimmes passiert. Aber viele, weibliche wie männliche, Schauspieler können von persönlichen Grenzüberschreitungen berichten, von Momenten, wo es nicht gut gelaufen ist: von anzüglichen Bemerkungen und abwertenden oder sexualisierenden Sprüchen über unerwünschte Berührungen des Körpers bis hin zu justiziablen Handlungen.

Weinstein ist kein Einzelfall, und Machtmissbrauch hat kein Geschlecht. Machtmissbrauch beim Film ist ein systemisches Problem, welches sich innerhalb bestimmter Hierarchien und Umgangsformen entwickelt – in diesem Fall in einer Branche, die seit Anbeginn der Filmgeschichte von starken Machtgefällen und Abhängigkeitsverhältnissen zuungunsten vor allem der weiblichen Darsteller geprägt war. Die sogenannten intimen Szenen waren und sind in diesem Kontext ein besonders sensibler Bereich. Die Geschichten von simulierten Sex- oder Nacktszenen erzählen sich Schauspieler im Privaten unter der Hand. Da man in diesem Beruf meist kurzfristig und projektbezogen arbeitet und sich sozusagen von Job zu Job hangelt, ist immer die Angst da, nicht mehr engagiert zu werden, falls man Kritik an übergriffigem Verhalten äußert. Oder wenn man weniger nackte Haut zeigen möchte, als im Drehbuch vorgesehen beziehungsweise von Produktion und Regie gewünscht ist. Es ist meiner Erfahrung nach so: Wenn man als Schauspieler eine Grenze setzt oder gar ein Problem damit hat, sich vor der Kamera auszuziehen, dann gilt man schnell als „schwierig", und mit „schwierigen" Schauspielern möchte niemand arbeiten.

Hier geht ein fehlgeleiteter Mythos von grenzenloser Kunstpraxis einher mit dem Missbrauch von Kunstfreiheit im Sinne der Überschreitung persönlicher Grenzen. Warum? Jede Geschichte, die mir, auch heute noch, im Privaten erzählt wird, macht mich wütend und tut mir in der Seele weh. Dass so etwas überhaupt passiert, ist unnötig und unprofessionell, denn es geht anders und es geht viel besser! Es ärgert und schmerzt mich ungemein, wenn ich höre, wie ein Mensch emotional sowie psychisch zu Schaden gekommen ist. Warum? Die Darstellung von glaubwürdiger Intimität ist ein Handwerk. Ich weiß, wie man die größte Leidenschaft, die heißeste Erotik professionell kreiert, wie man selbst sexualisierte Gewalt oder andere hochgradig sensible, potenziell belastende Inhalte authentisch darstellen kann, ohne dass ein Mensch dabei über private Grenzen gehen muss oder dazu gezwungen und in seiner intimen Würde und Selbstbestimmung verletzt wird.

... UND WIE ICH DEUTSCHLANDS ERSTE INTIMITÄTSKOORDINATORIN WURDE

Als ich im Mai 2018 wie jedes Jahr zum Filmfestival in Cannes fuhr, sprach die gesamte Branche über #metoo. Bei einem Diskussionspanel zum Thema „Machtmissbrauch" fiel mir ein Flyer über Intimacy Coordination in die Hände. Ich weiß noch, wie mein erster Gedanke beim Lesen dieses Flyers war: Wow – genau so muss es sein. Ich war sofort begeistert, weil mir die Logik dieses Berufes einleuchtete: Bei intimen Szenen sind Körperteile der Schauspieler in Aktion, die intim und privat sind – dass da immer auch Verletzlichkeit im Spiel ist, leuchtete mir sofort ein.

Als dann im Sommer 2019 erstmals eine Ausbildung zum Intimacy Coordinator in London angeboten wurde, bewarb ich mich auf der Stelle und flog nach London. Von 2019 bis 2020 lernte ich in England, 2021 absolvierte ich eine zweite Ausbildung bei der Intimacy Professionals Association (IPA) in Los Angeles, die eng mit der amerikanischen Künstlergewerkschaft SAG-AFTRA zusammenarbeitet.

Seit Anfang 2020 betreue ich die komplette Bandbreite intimer Szenen für Film, Fernsehen, Bühne – vom Krimi-Klassiker bis hin zur Streaming-Serie, vom Arthouse-Film bis zur Theaterproduktion, von zärtlichsten Handberührungen bis hin zum leidenschaftlichsten Sex, immer mit dem Anspruch, neben der Sicherheit von Cast und Crew eine aufrichtige, authentische menschliche Intimität auszuloten, die das Publikum wahrhaftig berühren kann. Neben positiver Resonanz gab es von Anfang an auch Widerstände – von Unverständnis hinsichtlich der Notwendigkeit dieses Berufes bis hin zu Ängsten, ich würde der Regie bei solchen Szenen ins Handwerk grätschen oder gar die künstlerische Freiheit einschränken. Ängste, mit denen sich ein Stuntkoordinator vermutlich nicht konfrontiert sieht, denn im Bereich von Gewalt und Kampf ist es klar, dass Qualität Sicherheit braucht. Heute sieht die Situation erfreulicherweise ganz anders aus und immer mehr Regisseure vertrauen auf mein Handwerk.

Es hat lange gedauert, bis ein Bewusstsein für belastende Situationen an Filmsets entstanden ist. Das lag zum einen an der generellen Sprachlosigkeit bei einem scham- und tabubehafteten Thema: Sex, Liebe, Zärtlichkeit. Schon im Privaten tun wir uns mitunter schwer, offen, liebevoll und frei von Scham und Unwohlsein über unsere gelebte Sexualität zu sprechen, über unser intimes Miteinander. Und bei der Arbeit ist es nicht anders: Auch beim Dreh von Intimität, Liebe und Sex herrschte lange Sprachlosigkeit. Es waren unbewusste Bilder, die man da reproduzierte – und die wir in unserer privaten Intimität wiederum als Bilder in unseren Köpfen abspeicherten. So schließt sich der Kreis. Natürlich, Film ist dazu da, sich in andere Welten zu träumen. Aber die breite Masse der Sexszenen folgt unbewusst reproduzierten Klischees, wie etwa diesem: Der Mann würde immer wollen und müsse die sich zierende Frau verführen. Lust würde in Minutenschnelle entstehen und der Sex funktioniere tipptopp. Erfüllende Intimität sei gleichbedeutend mit sexueller Performance ... Sehr wenig ist uns noch bewusst, dass all diese Klischees unsere Vorstellungen von Intimität nicht unbedingt positiv beeinflussen. Und auch, dass dieses Prinzip des „Sex sells" nicht der Schlüssel zu echter, erfüllender Intimität ist. Weder für Frauen noch für Männer.

Vor ein paar Jahren wurde ich auf einen Artikel des amerikanischen Psychologen und Paartherapeuten Jed Diamond aufmerksam, der den Titel trug: „The One Thing Men Want More Than Sex", also „Die eine Sache, die Männer noch mehr wollen als Sex".[2] Jed Diamond erzählt in dem Text aus seiner langjährigen Praxis und stellt dabei eine grundlegende Erkenntnis seiner Arbeit vor: Zwar werde Frauen und Männern suggeriert, dass Männer immer Sex wollten – und dass unter dieser Prämisse in unseren westlichen Gesellschaften männliche Sozialisierung stattfinde. Aber das, was sich Männer eigentlich im intimen Kontakt mit einer Frau wünschten, sei etwas anderes, so Diamond, etwas, das sich hinter dem Klischee „Männer wollen immer nur das eine" verstecke: Es sei die Sehnsucht nach einem sicheren Hafen. Es sei das Gefühl, sich in den Armen einer Frau fallen lassen zu können und dabei gehalten zu werden, ausruhen zu können, gesehen und „genährt“ zu werden, sowohl körperlich-sexuell als auch emotional, in der Geborgenheit der weiblichen Umarmung. Diamond spricht in diesem Kontext über heterosexuelle Verbindungen, da sich seine Berufspraxis auf diese Konstellation bezieht. Er erwähnt in seinem Artikel allerdings, dass diese Sehnsucht nach Nähe auch in homosexuellen Verbindungen präsent sei.

Dass Männer immer nur auf Sex aus seien, sei ein soziokultureller Mythos von Männlichkeit. Die eigentliche tiefe Sehnsucht hinter der sexuellen Handlung, so Diamond, sei die Sehnsucht nach Geborgenheit, Liebe, Akzeptanz und Halt: „Dann, wenn wir in ihrem Körper sind, können wir loslassen, wir selbst sein und von Liebe erfüllt sein. Das ist unser heimliches Verlangen beim Sex.“

Eine faszinierende Aussage, wie ich finde. Was mich an diesem Artikel außerdem faszinierte, war die Erkenntnis, dass es Männern, so Diamond, tendenziell schwerfalle, ihre tiefe Sehnsucht, ja ihre Bedürftigkeit gegenüber einer Frau zu kommunizieren – und dass es im Gegenzug Frauen häufig auch schwerfalle, Männern diese Sehnsucht zu erfüllen.

Aber am Ende geht es, auch im körperlichen Kontakt, immer um unser Grundbedürfnis nach Bindung und Nähe, und dies ist urmenschlich, egal ob Frau oder Mann, unabhängig von Geschlecht oder sexueller Orientierung. Und genau davon handelt dieses Buch – von der für mich persönlich schönsten Nebensache der Welt: Intimität. Und die ist so viel mehr, und so viel erfüllender als das heutzutage als trügerische Freiheit beworbene Prinzip einer vielfältig konsumierbaren Lust im kapitalistischen Korsett, welches uns weder frei macht noch satt. Wir müssen wieder lernen, echte Intimität von Sex zu differenzieren, und ich hoffe, dass wir dahin kommen, unsere menschliche Intimität wieder vollumfänglich zu verstehen und sie ganzheitlich zu leben. Erst dann sind wir wirklich sexuell (be)frei(t).

HAUTHUNGER: ERSTE GEDANKEN ÜBER UNSER PRIVATES ERLEBEN VON INTIMITÄT

Auch bei mir ist es noch gar nicht so lange her, als ich mir zum ersten Mal richtig Gedanken über unsere alltäglichen Vorstellungen von Intimität machte. Das ging los im großen Lockdown im März 2020. Mit den Lockdowns gingen massive Einbußen im menschlichen Hautkontakt und in körperlicher Nähe einher: Wir alle bekamen eine soziale sowie haptisch-sinnliche Distanzierung verordnet, die mir persönlich körperlich wie seelisch wehtat. Ich selbst spürte diesen Schmerz wie so viele Menschen ganz besonders, denn ich lebte zu diesem Zeitpunkt alleine in meiner Wohnung und in einer anderen Stadt als meine engste Familie; trotz moderner Kommunikationsformen, trotz Bildschirmen und Möglichkeiten, sich entweder digital zu treffen oder zumindest auf Abstand an der frischen Luft – von einem Tag zum nächsten wurde mir ein für mein Wohlbefinden und für meine psychische Gesundheit essenzieller Hautkontakt untersagt. Mehr noch als die Worte „Covid“ oder „FFP2-Maske“ steht für mich ein anderer Begriff sinnbildlich für diese kontaktarme und mental schwer zu ertragende Zeit: „Hauthunger“. Dieser Begriff, der in anderen Sprachen wie im Englischen als „skin hunger“ oder im Dänischen als „hudsult“ bereits vor Corona etabliert war, bezeichnet nichts anderes als das unschuldige, zutiefst menschliche Bedürfnis nach Berührung im nicht sexuellen Sinn. Vielleicht liegt es an der Reserviertheit, die man uns Deutschen nachsagt – wir gelten gemeinhin nicht als taktile Menschen –, jedenfalls war der „Hauthunger“ im Deutschen lange kein Begriff. Dies änderte sich mit den Kontaktbeschränkungen der Pandemie.[3]

Der aus Kontaktsperre und Abstandsregelungen resultierende „Hauthunger“ hatte nachweisliche Konsequenzen für die psychische Gesundheit vieler Menschen während dieser Zeit. Es bleibt abzuwarten, inwiefern unsere Sehnsucht nach Berührung auch nach überstandener Pandemie weiter auf unsere mentale Gesundheit einwirkt und was die Langzeitfolgen hiervon sein werden.

Ich erinnere mich noch, wie ich damals, in Zeiten der Kontaktsperren und des akuten Berührungsentzugs, sehnsüchtig, fast neidisch auf Menschen in meinem Familien- und Bekanntenkreis blickte, die in Partnerschaften lebten, die Kinder hatten und damit auch Möglichkeiten für Hautkontakt und Berührungen. Auf der anderen Seite erlebte ich, wie Partnerschaften während der Pandemie zerbrachen: Die plötzliche, ständige Nähe, das „Aufeinanderhocken“, gekoppelt mit den zahlreichen anderen Stressoren dieser Zeit – Jobverlust, existenzielle Ängste, Gefühle der Hilflosigkeit, die massiven Einschränkungen im persönlichen Freiheitsempfinden – forderten ihren Tribut. Die Coronaregeln waren ein massiver Einschnitt mit Blick auf unsere zwischenmenschlichen Interaktionen, Beziehungen und auf unser Erleben von Berührung und Intimität.

Kurioserweise begann ich in der berührungslosen Zeit des ersten Lockdowns mit meiner Arbeit als Intimitätskoordinatorin. Es war ziemlich surreal, denn natürlich waren zu Beginn auch die Film- und Fernsehproduktionen stark von den Einschränkungen betroffen. Die Bundesliga spielte vor leeren Rängen, aber sie spielte; Theater, Konzerthallen und Kulturstätten dagegen wurden geschlossen, Drehs kamen zum Erliegen, was viele Künstler vor existenzielle Notsituationen stellte. Glücklicherweise erarbeitete die Kreativbranche zügig Hygienekonzepte, was die Wiederaufnahme von Produktionen beschleunigte. Aber die Frage stand für uns im Raum: Welche Geschichten von Intimität können und dürfen wir aktuell eigentlich noch erzählen? Welche Bilder von Intimität? Können wir überhaupt noch Sexszenen drehen? Müssen wir Küsse ab sofort auslassen? Können wir generell noch Geschichten menschlicher Nähe erzählen, oder müssen wir ab sofort transportieren, dass alle Menschen immer auf 1,5 Meter Abstand bleiben oder eine FFP2-Maske tragen sollten?

Der Gedanke, einen so essenziellen Teil unseres Menschseins, die Nähe, die Intimität, den realen Kontakt zwischen Händen, Lippen, Körpern, einfach so aus unseren Geschichten und unseren Bildern zu entfernen, lässt mich heute erschaudern. Aber damals stand dies als legitimer Gedanke im Raum, bedingt durch die Restriktionen der Zeit. Ich bin froh, dass es nie dazu kam. Neben rigorosen Testungen an Sets und anderen Maßnahmen wurde eine Zeit lang bei Drehs mit Sicherheitsabstand gearbeitet – ich selbst stand im Herbst 2020 für eine Krimiserie vor der Kamera und erinnere mich, dass wir unsere Szenen teils nach draußen an die frische Luft verlagerten oder, in geschlossenen Räumen, entsprechend mit Abstand spielten und zwischen den Takes gemäß den damals geltenden Hygienevorschriften unsere FFP2-Masken trugen. Wenn man heute bei manchen Produktionen aus der damaligen Zeit etwas genauer hinschaut, dann fällt einem hier und da der kleine Sicherheitsabstand auf.

In einer Zeit, in der viele Menschen Hauthunger erlebten, beschäftigte ich mich beruflich mit dem genauen Gegenteil: Berührung. In diesem surrealen Spannungsfeld wurde mir umso stärker bewusst, wie wichtig, ja unverzichtbar Intimität für unsere Geschichten und medialen Bilder ist. Und durch das Erarbeiten von intimen Darstellungen verstand ich, wie sträflich man diesen Bereich früher vernachlässigt hatte: Man hatte sie nie erarbeitet, hatte ihnen, anders als jeder Dialogszene, keine erzählerische Tiefe, Bedeutung oder kreative Funktion beigemessen, ja, man hatte sich bei solchen Szenen im Grunde gar keine Gedanken gemacht über die Intimität an sich, was sie ist und wie sie sich in diesem Moment ausdrückte, warum und in welcher Form. Die Intimität war historisch eine narrative Leerstelle. Das war für mich eine ebenso verblüffende wie wegweisende Erkenntnis.

Ich merkte mit jeder intimen Szene, die ich koordinierte, wie toll das Ergebnis wurde, wenn man Nähe bewusst gestaltet, sie mit Sinn füllt. Wenn wir Klarheit darüber schaffen, was für eine Intimität hier erzählt wird, was sie für die Figur emotional bedeutet und wie wir diese Gefühle in Bewegung und körperlichen Berührungen ausdrücken können, machen wir das Geschehen auf der Leinwand glaubwürdiger. Die Liebesszenen, die dabei entstehen, sind tiefer, voller, berührender und menschlicher.

Die Resultate sah und sehe ich bei jedem Dreh einer Szene, und ich sehe die Verantwortung, die wir tragen, für die Bilder, die wir für ein Publikum produzieren. Denn sie werden nicht einfach nur konsumiert, sondern sie berühren Menschen und regen zum Nachdenken und Träumen an. Filme, Medien beeinflussen massiv unsere Vorstellungen von Nähe, von Liebe, Sex und Berührungen und davon, was Intimität genau sein kann oder eben auch nicht. Je mehr intime Szenen ich betreute, desto deutlicher wurde für mich, dass eine bewusste Intimitätspraxis beim Dreh der Schlüssel zu einer bewussteren Intimitätspraxis im Privaten sein kann. Oder, einfacher ausgedrückt: Wir Filmschaffenden sollten unserer Verantwortung, wie wir Liebe und Sex erzählen, endlich gerecht werden.

Intimität ist immer auch ein Storytelling von uns Menschen für uns Menschen – die Bilder, die wir erzählen und die wir rezipieren, brauchen einen Gehalt, eine Bedeutung. In ihnen liegt immer auch ein Teil von uns, von unseren Gefühlen, unserer Weltsicht, unserem Verständnis von Menschsein.

Auch darum geht es in diesem Buch und auf unserer Reise durch die Welt der Intimität: um die Bilder in unserem Kopf, um unsere Sehnsucht und unsere Verletzlichkeit und um die Geschichten, die wir davon erzählen. Für mich gehören diese Bereiche zusammen, bedingen einander, seitdem wir Menschen die Welt um uns herum wahrnehmen und über uns nachdenken. Die Intimität war immer da, stets im Wechselspiel zwischen unserem Leben und unseren Geschichten vom Leben.

EINE LANDKARTE MIT REISEEINLADUNG

Auch wenn Paare davon profitieren dürften: Mein Buch ist kein Beziehungsratgeber, sondern eine Bestandsaufnahme von Intimität heute. Sie ist ein unglaublich facettenreiches Thema, ein psychosoziales Grundbedürfnis, ein emotionaler Sehnsuchtsort, Ausdruck unserer Prägungen und Geschichten. Für mich ist Intimität, bildlich gesprochen, wie eine Landkarte, auf der wir uns bewegen, auf der verschiedene Betrachtungs- und Ausdrucksweisen von Nähe und menschlichen Beziehungen miteinander agieren, sich gegenseitig befruchten und manchmal auch widersprechen. Mit diesem Buch möchte ich versuchen, ein paar grundlegende Antworten auf die häufigsten Fragen zu geben, die mir im Kontext von Intimität oft gestellt werden. Aber noch viel mehr möchte ich bei euch, liebe Leserinnen und Leser, mit meinen Gedanken ein persönliches Interesse erwecken, sich mit dem Thema für sich im Privaten auseinanderzusetzen, die Intimität für euch selbst bewusst und vielleicht neu zu denken und insbesondere als etwas zu verstehen, was man nicht als diffuses Gefühl dem Zufall überlassen sollte.

Intimität ist Handwerk, Handlung, eine aktive Praxis, ein Tun. Wir können sie hinterfragen und besser verstehen, können und sollten sie für uns bewusst gestalten. Denn in einer bewussten Intimitätspraxis liegt der Schlüssel für eine erfüllendere Verbindung mit uns selbst und mit anderen Menschen, die uns wirklich nähren kann.

Intimität ist die übergeordnete Kraft im Raum und unser Kern, unabhängig davon, welche Beziehungsmodelle wir leben, unabhängig davon, ob wir single oder verheiratet sind, frisch verliebt oder langjährig verpartnert – und sie ist unabhängig von unserer sexuellen Orientierung und unserer geschlechtlichen Identität. Intimität ist kein „Sein“ oder ein „Das ist es jetzt“ im Sinne eines erreichten Zieles oder Zustandes. Intimität ist kein „Endgame“, sie ist ein fortlaufendes „Tun“ – von Moment zu Moment, solange wir leben.

Also, machen wir uns auf die Reise und schauen uns diese Landkarte etwas genauer an. Dieses Buch ist in drei Teile gegliedert, die sinnhaft aufeinander aufbauen: Im ersten Teil hinterfrage ich unser Konzept von Intimität – und biete neue Denkansätze an. Was ist Intimität? Was ist sie nicht? Hier gehen wir assoziativ und explorativ vor, werfen den Blick auf verschiedene Aspekte von Intimität, auf ihre Begrifflichkeit – und auf die wichtigste Grundvoraussetzung, damit wir echte Intimität erleben können. Im zweiten Teil geht es konkret um unsere mediale Prägung von Intimität: Dort erkläre ich, wie wir die filmischen Bilder von Intimität verstehen können, was sie uns erzählen, was nicht – und woran man richtig guten Filmsex erkennt. Im dritten Teil wird es dann praktisch, und ich übergebe an dich, lieber Leser: In Form von konkreten Übungen lernst du, achtsame und bewusste Intimität in deiner Beziehung zu leben.

TEIL I

Hinter fragen

INTIMITÄT: ANNÄHERUNGEN AN EINE MENSCHLICHE SEHNSUCHT

Was ist für uns „intim“? Wie definieren wir „Intimität“ für uns und unser Leben? Wie erleben wir sie, sei es allein mit uns selbst oder mit anderen Menschen? Wann kommen wir zum ersten Mal mit ihr in Kontakt, und wie lernen wir eigentlich Intimität? In der Familie, in unseren Peergroups, im Aufklärungsunterricht?

Wenn ich an den Biologieunterricht meiner Schulzeit zurückdenke, dann erinnere ich mich vor allem an die Scham der Erwachsenen: an Lehrer, die uns zwar die anatomischen Prinzipien des menschlichen Geschlechtsverkehrs und der Fortpflanzung erklärten, aber sie taten dies kurz, betont technisch und so dermaßen schambehaftet, dass wir Schüler uns für die Erwachsenen fremdschämten. Das Ganze war eine peinliche Pflichtveranstaltung, die schnell und lieblos durchgepaukt wurde, da mussten wir eben durch. Schnell durch die Scham durch. Wie interessant hätte dieser Unterricht gestaltet werden können! Vielleicht hätte eine liebevollere Behandlung des gesamten Themas der Sache gutgetan – vielleicht hätte es geholfen, wenn unsere Lehrer uns damals mit Empathie und Selbstverständlichkeit abgeholt hätten und uns kommuniziert hätten, dass es sich um ein Thema handelt, das Wertschätzung und, ja, eine liebevolle Betrachtung verdient. Schon damals fragte ich mich: „Warum reden wir nicht über das, was uns junge Menschen wirklich interessiert? Warum fühle ich das, was ich zwischenmenschlich fühle? Was bedeutet Liebe, was bedeutet Anziehung, wie geht das eigentlich, Beziehung?“

Ich hätte mir gewünscht, dass wir neben der Anatomie die viel wichtigeren Fragen zu zwischenmenschlicher Bindung, in deren Kontext sich Sexualität überhaupt erst entwickelt, thematisiert hätten. Dass wir über unseren Wunsch nach Nähe und Verbundenheit, nach Liebe und Erotik gesprochen hätten. Wenn ich mir eine Verbesserung im schulischen Aufklärungsunterricht wünschen könnte, dann wäre es, nicht nur dem Sex, sondern der Intimität die gebührende Aufmerksamkeit zu geben. Jede Aufklärung sollte immer Herzensbildung enthalten und ganzheitlich im Kontext von Bindungskompetenz, Empathievermögen sowie einem Verständnis von Liebe und von Intimität gelehrt werden. Aber vielleicht wussten es unsere Lehrer selbst nicht besser, oder sie hatten sich über diese Dinge nie Gedanken gemacht.

Für mich war als junger Mensch klar, dass da mehr sein muss, dass Sex nur ein Teilaspekt von etwas Größerem ist, was uns Menschen im Kern berührt. Der griechische Philosoph Aristoteles schrieb in seiner Metaphysik sehr treffend: „Das Ganze ist mehr als die Summe seiner Teile."[4] So ging und geht es mir mit der Intimität: Sie ist die Klammer für zwischenmenschliche Nähe, Verbindung und Berührung. Wir können uns ihre Teilaspekte und einzelne Ausdrucksformen anschauen, wie zum Beispiel Sex, Liebe, Verletzlichkeit, Berührung – in der Summe ergeben sie Intimität, die in sich immer mehr ist. Ein Sehnsuchtsort, ein Sehnsuchtswort.

Weniger ist mehr: *Der Pferdeflüsterer*

Als Intimitätskoordinatorin werde ich oft gefragt, welche intimen Szenen denn meine Lieblingsszenen seien. Gibt es Liebes- oder Sexszenen, die ich besonders gelungen finde, die mich besonders berühren, oder Szenen, die für mich mehr als andere ein Sinnbild für menschliche Intimität sind? Die diesen Sehnsuchtsort besonders gut erzählen? Nun, da gibt es einige, und ich werde in diesem Buch zur Annäherung an und Veranschaulichung von Intimität immer wieder auf Filmbeispiele und mediale Bilder eingehen. Die schönsten intimen Momente im Film sind für mich nicht immer die Sexszenen oder Szenen, in denen besonders explizit, mit viel Nacktheit erzählt wird. Sondern es sind die intimen Szenen, die genuin die Tiefe und Komplexität der zwischenmenschlichen Verbindung ausloten.

Eine gelungene intime Szene erzählt uns etwas über das Menschsein, wir erkennen uns in ihr wieder – sie erzählt uns von unserer Sehnsucht nach Nähe und von dem, was uns im Kern wirklich bewegt: tiefe Verbindung.

Ein gelungenes Beispiel für die Darstellung von Intimität findet sich im Film *Der Pferdeflüsterer* (1998) des Amerikaners Robert Redford. Die von ihren Gefühlen entfremdete Karrierefrau und Journalistin Annie (Kristin Scott Thomas) und der raubeinige Pferdeflüsterer Tom (Robert Redford) fühlen sich voneinander angezogen, doch ihre Liebe darf nicht sein, zu unterschiedlich sind ihre Leben. Während Annie das verletzte Pferd ihrer Tochter auf Toms Ranch behandeln lässt, findet auch sie immer mehr zu sich selbst und zur Liebe. Die Nähe, die zwischen Annie und Tom entsteht, findet ungewohnten, aber doch intimen körperlichen Ausdruck. Der Regisseur entschied sich nicht für eine explizite Liebesszene, sondern für eine dezente, verstohlene Zärtlichkeit, die jedoch ungleich stärker die Intimität zwischen den Figuren zeichnet: Tom und Annie tanzen miteinander.

Nicht allein, sondern unter den Augen des Dorfes und mit der Gefahr, dass ihre Gefühle für jeden offensichtlich werden.

Annies Ehemann ist zwischenzeitlich angereist, Tom und Annie wissen, dass ihre Zeit miteinander zu Ende geht und eine Entscheidung ansteht. In diesem Kontext begegnen sich ihre Blicke zunächst aus der Distanz, über die Tanzfläche hinweg. Es ist ein klassischer Filmmoment, in dem sich zwei Figuren durch Blicke und Gesten ihre Gefühle gestehen und so bereits eine emotionale Nähe entsteht, bevor der erste Körperkontakt stattfindet. Die Grenze zur Intimität wird in diesem „sprechenden" Blick überschritten. Dann tanzen sie miteinander, und beide wissen, dies ist das erste und vermutlich letzte Mal, in dem sie einander körperlich so nahe kommen. Zu einem romantischen Countrysong entwickelt sich ein feinfühliger, aber deutlicher körperlicher Dialog zwischen den beiden, in denen, für die Dauer eines Tanzes, größtmögliche körperliche Nähe, aber auch seelisch-emotionale Intimität erzählt wird. Die körperlichen Abläufe, die Berührungen der Hände, das sanfte Aneinanderziehen, das Ineinandergreifen von Händen und Beinen, von tiefen, fast hilflosen Blicken erzählen uns eine ehrliche und verletzliche Liebeserklärung beider Figuren. Diese Offenbarung kommt ohne Worte aus, ohne Kuss.

Man liest beiden Figuren in diesem Moment im Gesicht ab, dass sie sich miteinander öffnen, sich verletzlich machen, sich sinnbildlich „fallen lassen". Und dennoch muss dieser Moment enden. So wie sie zu Beginn der Szene aus der Distanz in die Nähe miteinander getreten sind, treten sie nun, den Blick nicht voneinander abwendend, mit dem Ende des Liedes aus der Nähe zurück in die räumliche Distanz.

Es ist deutlich, dass dieser Moment beide Figuren verändert hat. Die narrative Konsequenz dieses stillen Geständnisses wäre eine Liebesszene, so wie sie oft in Filmen gesetzt wird. Dies jedoch vermeidet Redford – und tut genau das Richtige. Denn in der Tanzszene zwischen Tom und Annie ist alles erzählt, die Liebe und Verbindung der beiden Figuren offengelegt. Eine Steigerung wäre nicht möglich. Tom verlässt den Tanzabend, was bleibt, ist die Erinnerung an und das Wissen beider um diesen intimen Moment.

Nicht nur im Film ist weniger oft mehr – gerade bei Intimität. Es sind die leisen Zwischentöne, die uns berühren, denn sie spiegeln das, was in unserem Inneren passiert. Dort sitzt die Intimität, und wenn sie echt ist, hat sie in ihrer ursprünglichen Bedeutung nichts mit Sex zu tun. Aber wenn sie nicht gleich Sex ist, was ist Intimität dann?

VERTRAUT UND VERBORGEN: DER SPIRITUELLE URSPRUNG VON INTIMITÄT

Unsere modernen Wörter, das Substantiv „Intimität" und sein Adjektiv „intim" verdanken wir dem Lateinischen. Die Römer beschrieben mit dem Superlativ „intimus/intima" und auch mit dem Verb „intimare" sehr treffend etwas, das nichts Körperliches oder Sexuelles an sich hat. „Intimus" bezeichnet das, was „am weitesten innen liegt", oder umgedreht das, was dem Rand am fernsten ist. Klingt das nicht wunderbar poetisch?

Im Lateinischen ist die Intimität spirituell und emotional gefasst. Intimität ist das Gegenteil von Ferne und Distanz(iertheit) – und was bedeutet das? Wo genau befindet sie sich? Das Lateinische gibt uns mit dem, „was dem Rand am fernsten ist“, keinen konkreten Standort, es gibt uns aber die Intimität als *Qualität*, als Eigenschaft zwischenmenschlicher Verbindung, als das, was Vertrautheit, Nähe, Offenheit und Tiefe im Kontakt zweier Menschen ausmacht. Und diese Qualität der Verbindung ist eben kein konkreter Endpunkt zwischen zwei Menschen, der in Stein gemeißelt ist, sondern etwas Dynamisches, etwas, das sich entwickelt und im Fluss ist. Und das gilt für die Intimität bis heute: Sie ist eine Qualität, die wir in unseren Beziehungen kontinuierlich gestalten, aushandeln und vertiefen können.

Das deutsche Synonym „innig“, oder „inniglich“, das sich aus dem mittelalterlichen althochdeutschen Wort „inniglih“ entwickelt hat, trägt eine ähnliche Bedeutung wie „intimus“ und bezeichnet ebenfalls einen Zustand von Innerlichkeit, Herzensverbundenheit, mit der Qualität von sehnsüchtig, flehend bis hin zu leidenschaftlich und hingebungsvoll. Aber es schwingen noch mehr Bedeutungen mit beim lateinischen „intimus“: das Geheimnisvolle, das Tiefe, das Wesentliche einer Sache, das tief Vertraute.

Bis heute kennt das Deutsche den „Intimus“ und bezeichnet damit einen engsten Vertrauten, einen besten Freund; jemanden, den wir modern vielleicht „Kumpel“, „Herzensmensch“ oder in der Jugendsprache „Bro“ oder „Bestie“ nennen würden.

Das Verb „intimare“ wiederum bedeutet, sich mitzuteilen, sich anzuvertrauen, etwas zu erzählen. Auch hier schwingen mit: zwischenmenschliche Vertrautheit und Verbindung, Selbstoffenbarung und Kommunikation miteinander.

Für die Römer war Intimität spirituell und emotional – die sexuelle und körperliche Komponente, die wir heute mit Intimität verbinden, fehlt im Urkern des Wortes. Das bedeutet nicht, dass die Römer dem Sex abgeneigt waren – Sex im alten Rom wurde selbstverständlich und ohne Scham gelebt. Die bei den Ausgrabungen von Pompeji entdeckten erotischen Kunstwerke waren im damaligen Kontext nicht anstößig, sondern normal. Der sexuelle Akt hatte, ähnlich wie in anderen frühen Hochkulturen, einen Bezug zum Göttlichen, ebenso wie die Liebe. Aber „intimus" bezeichnete die innerliche Verbindung zwischen Menschen: den Austausch von Gedanken und Gefühlen bei einem gemeinsamen Abendessen, eine tiefe intellektuelle und emotionale Verbindung und Nähe, das Erkennen und Verstehen des anderen.

MODERNE KONZEPTE VON INTIMITÄT

Der Ausdruck von Nähe, Vertrautheit und Tiefe, den das lateinische Wort so schön beschreibt, schwingt bei unserer heutigen Vorstellung von Intimität immer noch mit: Eine Stimmung kann „intim" sein, oder wir erleben einen Moment „intimer" Vertrautheit mit einer engen Freundin. Im Deutschen gibt es den schönen Ausdruck „ein Herz und eine Seele sein". Intim ist das, was zwischen uns und einem anderen Menschen emotional und gedanklich Nähe und Verbindung ist. Auch die Intimsphäre bezeichnet den Bereich meiner persönlichsten Gedanken und Gefühle, einen Bereich, den ich nicht jedem Menschen öffne, sondern nur den Menschen, denen ich vertraue, mit denen mich Nähe und Innigkeit verbindet. Und die Intimsphäre ist auch ein körperlicher Schutzbereich. Hier trifft die Intimität des Innen auf die heutzutage fast besser bekannte Bedeutung von Intimität als etwas Äußerlichem, etwas Körperlich-Sexuellem: Wir werden körperlich intim. Der Intimbereich bezeichnet am Körper die primären und sekundären Geschlechtsmerkmale.

Historisch lässt sich nicht eindeutig bestimmen, unter welchen Umständen das ursprünglich innerlich-spirituelle und emotionale „intimus" die zusätzliche sexuell-körperliche Bedeutungsebene erhielt. Vermutet wird, dass dies etwa Mitte des 17. Jahrhunderts geschah.[5] Gleichzeitig bestand die emotional-seelische Bedeutungsebene von Intimität weiter. Vor allem in der europäischen Romantik ab dem späten 18. Jahrhundert findet diese Verbindung von Körper, Herz und Geist einen sehr poetischen Ausdruck. Die Romantik hat unser heutiges Verständnis von „romantisch" mitgeprägt und unser Konzept von Liebesheirat und moderner Liebe als Verbindung von Körper und Gefühlen.

Der Duden listet die drei modernen Bedeutungen von Intimität auf: 1. „vertrautes, intimes Verhältnis; Vertrautheit", davon abgeleitet „Vertraulichkeit", was dem lateinischen „intimare" als „sich mitteilen" entspricht; 2. die Intimität als „sexuelle, erotische Handlung, Äußerung, Berührung"; und 3. „eine anheimelnde, gemütliche Atmosphäre, beispielsweise in einem Raum mit gedämpftem Licht".

Eine wunderschöne sprachliche Spielerei, die verblüffend auf den Punkt bringt, was Intimität bedeutet, bietet uns die englische Sprache: „intimacy", nur anders ausgesprochen als „into-me-see": „in mich hineinsehen". Ein bezaubernder, treffender Zufall: Dieses „Intomesee“ von tiefen (Seelen-)Blicken wird uns in diesem Buch noch ein paarmal begegnen, denn genau das ist Intimität: ein reziproker Akt, in dem zwei Menschen einander wirklich sehen, einander wahrnehmen in ihrem jeweils innersten Kern, ihrer Seele.

Die drei Ausprägungen von Intimität

Emotionale Intimität

Die grundlegende Form von Intimität. Entspricht dem lateinischen Ursprung „intimus“ bzw. „intimare“. Unter emotionaler Intimität versteht man die Kommunikation miteinander über die eigene Gefühlswelt: Was fühle ich gerade, wie geht es mir, was beschäftigt mich? Emotionale Intimität entsteht über das Teilen von Ängsten, Sorgen, Freude mit seinem Gegenüber. Sie zeigt sich ebenso über den Austausch von Gefühlen oder emotionalen Zuständen, die man vielleicht lieber nicht mitteilen würde, aus Scham oder aus Sorge vor der Reaktion des anderen.

Intellektuelle und spirituelle Intimität

Auch diese Form von Intimität ist nah am lateinischen Ursprung. Intellektuelle und spirituelle Intimität entsteht über den gegenseitigen Austausch von Gedanken, Ansichten, Überzeugungen und Glaubenssätzen. Gut zu wissen: Wie bei der emotionalen kann sie auf spiritueller oder intellektueller Ebene auch dann gelebt werden, wenn die Partner unterschiedlich denken oder fühlen. Denn es geht um das „intimare“, das Sichöffnen und Austauschen auf Augenhöhe.

Intimität entsteht gerade dann, wenn gegensätzliche Überzeugungen und Gefühle angenommen und respektiert werden können.

Körperliche Intimität

Diese Ausprägung von Intimität erklärt sich am ehesten, da sie die in unserem alltäglichen Sprachgebrauch geläufigste Form von Intimität ist. Unter körperlicher Intimität versteht man das Spektrum intimer Berührung am und mit dem Körper.

Wir unterscheiden hier zwischen nicht sexueller körperlicher Intimität, also liebevollen oder freundschaftlichen Berührungen, Kuscheln, Umarmungen, und der sexuellen Intimität in Form von intimen, sexuellen Handlungen.

Wenn es eine Falschannahme unserer heutigen Zeit zu korrigieren gilt, dann ist es diese: dass Intimität synonym für oder gleichbedeutend mit Sex sei. Intimität ist mehr und größer, ihr Kern sitzt im Innern, in unseren Emotionen und Gedanken, in unserem Gefühl von Verbundenheit. So war es schon immer, seit es die Intimität als zwischenmenschlichen Ausdruck gibt.

Hier dürfen und müssen wir das Gewohnte hinterfragen und Intimität neu denken – denn in der Reduktion liegt das Problem, wenn es um das Erleben echter zwischenmenschlicher Nähe und Verbindung geht. Und hier müssen wir ansetzen, wenn wir eine wirklich erfüllende Intimität und erfüllende Beziehungen erleben möchten.

HINTERFRAGEN: INTIMITÄT IM SPANNUNGSFELD VON SEX UND KONSUM-GESELLSCHAFT

Sex ist in unserer modernen Gesellschaft vor allem eins: präsent. Außerdem wird er uns gerne verkauft als etwas, das er nicht ist: nämlich die Lösung für zwischenmenschliche Probleme im Bereich von Bindung und Nähe, ein Ersatz für Intimität oder der Schlüssel zu mehr Lebensqualität. All dies wäre jedoch eigentlich die Aufgabe von bewusst gelebter Intimität und auch nur durch Bindung zu lösen.

Genau das ist ein Kernproblem unserer modernen Zeit, oder anders formuliert: Das Problem ist nicht zu viel Sex(ualisierung), das Problem ist zu wenig Intimität.

Diese Entwicklung hat ihren Ursprung in der gut gemeinten sexuellen Revolution der 60er-Jahre. „Wer zweimal mit derselben pennt, gehört schon zum Establishment" – dies war 1968 das Motto der sexuellen Befreiung der Gesellschaft von allen bis dato geltenden moralischen und gesellschaftlichen Zwängen. Sex hatte bis dahin nur im vorgeschriebenen Rahmen der Ehe stattzufinden, im engen Korsett moralisch-religiöser Vorgaben und Glaubenssätze. Nun jedoch befreite man ihn und rebellierte damit auch gegen die verkrustete Gesellschaft des Nachkriegsdeutschlands. Der Wunsch nach Freiheit, nach Veränderung, verständlich und berechtigt. Und die reproduktiven Konsequenzen? Auch hier konnte man befreien, in Form hormoneller Verhütungsmethoden. Die Antibabypille, ab 1961 auf dem Markt, konnte Frauen die Angst vor einer ungewollten Schwangerschaft nehmen: „Und das rief ein wunderbares Gefühl hervor, an Selbstbestimmung. Das wollte man ausleben. Diese Befreiung, ohne Pille wäre das nicht denkbar gewesen."[6]

Sex wurde zum Genuss, der Lustgewinn gestärkt, die Zweierbeziehung verteufelt. Freie Liebe, mit jedem, wie und so oft man wollte, ohne Verpflichtungen. Nur so war es richtig! Aber liegt in diesem angeblich „befreienden" Satz der 68er, der den One-Night-Stand zur Norm macht und die Person abwertet, die dabei nicht mitmacht, nicht bereits ein neuer Zwang? Geschickt als „Empowerment" getarnt?

Wir leben heute, zumindest in Deutschland, sexuell frei und selbstbestimmt, dürfen unsere Sexualität ausleben. Das ist auch ein Verdienst der 68er. Aber diese „Befreiung" wird mittlerweile auch kritisch gesehen, gerade von ihren Zeitzeugen.[7] Was damals passierte, war nicht nur eine Befreiung, es war ein Wechsel der Allianzen: Die sexuelle Revolution entkoppelte den Sex von den Konsequenzen einer Schwangerschaft, was vor allem die Frauen betraf. Und sie entkoppelte den Sex von einem Gefühl der Verpflichtung, der gegenseitigen Verantwortung. Wer braucht schon Bindung, wenn er die unendliche Auswahl hat?

Und so setzte in den 60er-Jahren eine Entwicklung ein, die als „Sexualisierung der Gesellschaft" beschrieben wird. Natürlich gibt es auch noch weitere Faktoren, die zu dieser Entwicklung geführt haben, nicht nur das Diktum von der freien Liebe. Im Grunde ist diese Sexualisierung ein Dreiklang: sexuelle Revolution, das Aufkommen der Konsumgesellschaft und die massenhafte Verfügbarkeit von Sex durch die Digitalisierung. Was ist da passiert, und was passiert bis heute?

Wir haben gelernt, den Sex überzubetonen, und wir haben gelernt, ihn zu konsumieren. Sich mit der vermeintlich sperrigen Intimität auseinanderzusetzen ist mühsamer, als sich ein neues Sextoy zu kaufen, das dank Power-Vibrationen noch stärkere Orgasmen verspricht. Welcher echte Mensch könnte jemals solche Orgasmen verschaffen, stundenlang?

Im Datingsupermarkt Tinder können wir 24/7 neue Optionen ausprobieren: neues Spiel, neues Glück. Und wenn es nicht passt oder ein anderer Kontakt noch mehr verspricht, dann ent-bindet man sich einfach, bricht die Kommunikation ab mit einem Klick, jagt weiter. Und wenn es in der Partnerschaft nicht so gut läuft, die Lust schwindet, dann kauft man Ratgeber oder bucht Kurse, die einem die neuesten Lustprinzipien vermitteln und mit den besten Sexstellungen mehr Abwechslung versprechen. Oder man kauft sich einfach neue Unterwäsche, die „reizt" und für eine gewisse Zeit das Ganze wieder ankurbelt. Der Fehler liegt im Modell: Unsere Gesellschaft ist zunehmend konsumsexualisiert. Aber leider kann man Intimität nicht kaufen.

Sex, als starker Reiz für unser Gehirn, ist sowohl ein gewinnbringendes Produkt als auch eine gute Marketingstrategie. Sex sells, so heißt es. Unser Medienkonsum nimmt zu, mit ihm Bilder und Produkte, die wir sehen, erleben, hören, konsumieren, die Sex und Lust ausdrücken, versinnbildlichen und mit Begehren, Lust und Leidenschaft assoziierte Eigenschaften wie Schönheit und körperliche Attraktivität bewusst einsetzen. Dadurch werden Konsum und Kaufverhalten immer weiter verknüpft mit Sex-Appeal und Attraktivität – und letztlich mit unserem Selbstwert. Sex ist von einer Möglichkeit zu einem Muss geworden, zu etwas, das man haben „sollte“. Sex ist heute ein Marker des eigenen Wertes.[8]

Und Sex bringt Gewinn ein: Die Marktwirtschaft arbeitet mit dem Stilmittel sexueller Attraktivität, mit schlanken, schönen, jungen und begehrlichen Körpern, und der Kauf der so beworbenen Dinge verspricht, in uns ein wohliges Gefühl zu erzeugen, begehrenswert zu sein. Oder andersherum: Wir erhoffen uns – angestachelt von den Bildern der Werbung –, dass all die positiven Attribute, mit der eine Marke aufgeladen ist, auf unsere Person übergehen, indem wir ein bestimmtes Produkt kaufen. Diesem Reiz kann man sich kaum entziehen. Die heutige Schönheits-, Fitness- und Lifestyleindustrie mit teuren Cremes, Diäten, Coachingprogrammen und Schönheitsoperationen ist nur ein Beispiel für diesen Mechanismus – und wem das zu teuer ist, der legt einfach einen Filter über das Foto und erhöht die sexuelle Anziehungskraft und damit den Selbstwert.

Wie wir diese Entwicklungen bewerten, müssen wir individuell für uns entscheiden. Wichtig ist, dass wir sie benennen, und zwar als das, was sie sind, denn sie werden bleiben und uns weiter begleiten.

Sex ohne Bindung und Einsamkeit

In der Wissenschaft wird mittlerweile auch beschrieben, wie sich einhergehend mit sexueller Revolution und Kommerzialisierung die Art und Weise verändert hat, in der wir zusammenleben: Individualisierung, Multioptionsgesellschaft, Generation „Ich“ und „beziehungsunfähig“ – wir kennen die Schlagwörter.[9] Narzissmus gehört auch dazu und wird als gesamtgesellschaftlicher Stil seit den 1970er-Jahren als zunehmend beschrieben, bei gleichzeitiger Abnahme des Empathievermögens.[10] Auch die Digitalisierung unseres Lebens ist mittlerweile Forschungsgegenstand. Hier gibt uns ein Stichwort zu denken: Einsamkeit.

Die Forschung warnt: Wir sind heute hochvernetzt, kommunizieren 24/7 digital und fühlen uns doch allein. Eine Epidemie der Einsamkeit rollt auf uns zu.[11] Und gleichzeitig ist Einsamkeit ein Tabuthema. In der Coronapandemie fiel dies, neben dem Hauthunger, zum ersten Mal bewusst auf, denn wir Menschen sind taktil und sozial bedürftig, digitale Vernetzung hin oder her. Die Einsamkeit nimmt zu, denn was fehlt, ist der Blick auf unsere eigentliche tiefe Bedürftigkeit nach wahrer Nähe und Berührung. Wer sich als Single auf dem Datingmarkt tummelt, hat es schwer: Bedürftig zu sein, gilt dort als unattraktiv, für viel Geld belegt man Flirt- oder Datingseminare, in denen Coaches erklären, wie man möglichst cool und souverän auf das andere Geschlecht wirkt. Ruhig erst mal drei Tage warten, bevor man zurückschreibt. Alles, nur nicht bedürftig rüberkommen oder zu viel Interesse zeigen! Dabei ist das die größte Lüge, denn wir Menschen sind bedürftig; uns alle eint der Wunsch nach Nähe, Zärtlichkeit, Intimität und nach der Bindung zu anderen Menschen.

Weitere Marker, wie etwa die Scheidungsrate, der Anstieg von alleinlebenden Menschen (2022 betraf dies 41 % der Haushalte in Deutschland) und ein zunehmend mit Sorge benanntes und auch wissenschaftlich untersuchtes „Klima der Verrohung“[12] werfen die Frage auf: Intimität, quo vadis? Was läuft da schief, wenn Nähe und liebevolle Verbindungen abnehmen, bei gefühlt noch nie so großer sexueller und individueller Freiheit? Und was ist die Lösung?

Das Problem von Vereinsamung, fehlender Intimität und Nähe beruht auf einem Trugschluss, der unter dem Deckmantel von Freiheit verkauft wird: Intimität wird als Sex missverstanden, und Sexualität wird freigesprochen von Tiefe und Bindung, von moralischer und sozialer Verantwortung einem anderen Menschen gegenüber. Obwohl wir uns nach Bindung sehnen und sie als soziale Wesen brauchen, herrscht der Tenor vor, dass Sex ohne Bindung oder Liebe nicht nur eine Möglichkeit sei, sondern schadlos ausgelebt und konsumiert werden könne, ja sollte. Sex ist ein gesundes Bedürfnis in uns Menschen, wenngleich die Wissenschaft schon lange widerlegt hat, dass Sex ein Trieb sei, so wie es die Psychoanalyse Sigmund Freuds postulierte.[13] Wir Menschen sind keine triebgesteuerten Tiere. Auch verkümmern wir nicht oder schaden unseren Körpern, wenn wir den angeblichen „sexuellen Druck“ in uns nicht abbauen. Das zeigen uns sehr anschaulich Menschen, die sexuell nicht aktiv sind, obwohl sie alle sexuellen Freiheiten haben. Schätzungen zufolge ist rund 1 Prozent der Bevölkerung asexuell. Asexuelle Menschen sind nicht krank, sie leben zufrieden und ohne Druck, verspüren schlicht kein Bedürfnis nach Sex.[14] Weitere 2 bis 6 Prozent der erwachsenen Deutschen gelten als sogenannte „Absolute Beginner“, das heißt, sie hatten noch keine sexuellen Kontakte oder haben auch noch keine partnerschaftliche Beziehung geführt. Nicht immer steht dahinter ein Leidensdruck, sondern häufig sind es aktiv gewählte Lebensmodelle, die von den jeweiligen Personen nicht als belastend empfunden werden.[15]

Sex ist kein Trieb, er ist ein Bedürfnis, und er wirkt durch die dabei ausgeschüttete Biochemie, insbesondere das als „Kuschelhormon" bezeichnete Oxytocin bindend, belohnend und wohltuend. Sex befriedigt unser Bedürfnis nach Nähe, Bindung, Zärtlichkeit, Vertrautheit und Geborgenheit.[16] Sex und körperliche Nähe treffen und nähren unseren menschlichen Kern, denn wir sind Bindungswesen.

Das kapitalistische Verständnis von Sex im Sinne der Lustbefreiung klammert dies allerdings aus, ersetzt Bindung durch Lust, Erregung und Befriedigung. Und das ist fatal.

Wenn man sich Umfragen zu diesem Thema anschaut, dann sind die Antworten von Männern wie Frauen deutlich. Sie entsprechen dem, was Jed Diamond aus seiner Praxis berichtet: Wir wünschen uns nicht mehr Sex. Wir wünschen uns mehr Intimität. Sie ist und bleibt das eigentliche Urbedürfnis. Wir alle dürfen zum Glück unser Sexleben frei gestalten und ausleben. Dabei sollten wir aber beachten, dass Sex und Erotik Teil von Intimität sind – und nicht umgekehrt.

SEX UND INTIMITÄT WIEDER VERBINDEN: DIE LEHRE DES KAMASUTRA

Ein schönes Beispiel, um zu verstehen, wie die verschiedenen Ausprägungen von Intimität ineinandergreifen, ist die Lektüre des Kamasutra. Denn obwohl es im westlichen Blick auf eine Sammlung akrobatischer Sexstellungen reduziert wird, ist das altindische Lehrbuch Kamasutra („Liebesfaden")[17] das genaue Gegenteil von „nur" Sex: Es ist eine ganzheitliche Anleitung zu emotionaler, moralischer, spiritueller und intimer Erfüllung auf der Erde. Es steht im Kontext der hinduistischen Religionen und versteht die Praxis von Intimität als eine spirituelle Aufgabe für jeden Menschen.

Das „Kama“ bezeichnet eine der vier Säulen, die der Hinduismus benennt als die vier Ziele im Leben, die jeder Mensch kultivieren sollte: „Dharma“ (moralische Werte, menschliche Pflichten, die soziale, gesellschaftliche Harmonie und Gemeinschaft), „Artha“ (weltliche Erfüllung in Beruf, finanzielle Sicherheit) und „Moksha“ (spirituelle Freiheit). Kama als vierte Säule beschreibt die sinnlichen Aspekte des Menschseins: Gefühle, Sinnenfreude, Sehnsucht, Genuss und Freude am Leben sowie an Schönheit und Liebe, sowohl sexuell als auch nicht sexuell. Das Kamasutra insgesamt steht für Balance, nicht für Exzesse oder Loslösung der Lust von der Intimität und ihrem emotionalen Kern.

Es ist das bekannteste Buch seiner Art, aber es reiht sich ein in eine literarische Tradition, die Kamashastra: Lehrwerke über Erotik, Liebe, Sex und Intimität. Noch bis ins 15. Jahrhundert hinein beriefen sich andere auf diesen Standard der Gattung, was zeigt, wie bedeutsam das Kamasutra war.

Zwar geht es im Kamasutra auch um sexuelle Stellungen und Praktiken zur Verstärkung der Lust, des Begehrens, der Erregung, aber dies ist ein Teil des größeren Ganzen. Das Buch lehrt nicht nur Sex, es lehrt, wie zwischenmenschliche Beziehungen funktionieren: Dazu gehören auch das Erwecken der Gefühle füreinander und ihre Pflege, Intimität, das Werben umeinander, die Beziehungsgestaltung, die emotionale und körperliche (nicht sexuelle) Nähe und Verbundenheit zweier Menschen. Das Kamasutra ist ein vollständiges Lehrbuch über menschliche Intimität, bei dem die spirituelle und emotionale Ebene im Einklang mit der körperlich-sexuellen steht.

Und das ist spannend! Denn aus dem westlichen Blickwinkel wird das Kamasutra reduziert auf Erotik und sexuellen Sensationswert. Der Autor sagt aber genau das Gegenteil: Sinnlichkeit, Sex, Liebe, Erotik und die generelle Lebenslust sind immer verbunden mit Werten, mit Spiritualität, mit Gefühlen. Erotik hat keine Scham, sie ist ein natürlicher Teil eines wertegeleiteten Lebens. Damit war das indische Kamasutra in seiner ganzheitlichen, wenn man so will sexpositiven Betrachtung von Intimität den christlich geprägten Gesellschaften, in denen Sex ein Tabuthema und strengen Regeln unterworfen war, um Jahrhunderte voraus.

Und in dieser Verknüpfung von Bindung, Spiritualität und Erotik hält das Kamasutra noch eine Überraschung bereit, die der sexuellen Befreiung der 68er wohl übel aufgestoßen wäre: Wer sich fragt, welches Beziehungsmodell das Buch empfiehlt, dem liefert der Autor eine spannende Antwort und erweist sich als Freund von tiefer Bindung, in der Erotik und Liebe miteinander harmonisieren: Er sieht die „Gāndharvavivāha“ als die ideale Partnerschaftsform an. Sie bezeichnet die Ehe, die aus freiem Willen, aus Begehren und aus Liebe heraus zwischen zwei Partnern geschlossen wird. Dies entspricht unserem Verständnis einer Liebesheirat.

Ich kann allen, die ganzheitlich über Intimität, Liebe, Partnerschaft und die Facetten von Begehren, Liebe, Lust und körperlicher Nähe nachdenken möchten, sehr empfehlen, diesen uralten Text zu lesen. Er regt an, über die großen Fragen des Lebens und über die eigene Ausrichtung in Liebe, Erotik und Bindung nachzudenken, fernab von einzelnen Sexstellungen und Lustmaximierung: Welche Werte lebe ich im Leben? Welche Werte lebe ich in meiner Intimität, in meiner Art zu lieben, mich zu binden, mich körperlich zu teilen? Es sind große Fragen, die wir stellen dürfen und müssen. Sie begleiten uns unser Leben lang, auf unserer Reise durch die Intimität.

DIFFERENZIEREN: INTIMITÄT UND LIEBE

Das Kamasutra bindet auch eine Emotion in seine Betrachtungen von Erotik, Beziehungen und emotionaler Intimität ein, das uns heute als das größte aller Gefühle gilt: die Liebe. Über kein anderes Gefühl ist so viel geschrieben, gedichtet, gesungen und nachgedacht worden. Da läuft die Liebe dem Sex doch den Rang ab. Und auch sie wird manchmal synonym mit Intimität verwendet und hat einige Berührungspunkte mit ihrem engen Verwandten; aber wir müssen genau hinschauen und zwischen Liebe und Intimität gut unterscheiden.

Warum lieben wir Menschen? Evolutionär, so die wissenschaftliche These, ist Liebe ein komplexes Zusammenspiel aus biologischen, emotionalen und sozialen Motivationen. Unsere Liebesfähigkeit scheint sowohl ein stabilisierendes Gefühl für den menschlichen Fortpflanzungstrieb zu sein als auch eine Garantie für sozialen Zusammenhalt. Liebe baut Brücken, so der Psychiater Oliver Dierssen: „Unsere ganze Welt beruht darauf, dass Menschen gut miteinander auskommen, dass sie Gruppen, Paare und Familien bilden. Das macht unsere Welt aus. Wenn wir einfach nur Einzelkämpfer wären und jeder nur an sich denkt, sähe es schlimm aus auf der Welt.“[18]

Liebe ist also ähnlich wie Intimität ein soziales Bindemittel, das uns außerdem guttut. Ähnlich wie Sex ist auch die Liebe griffiger und medial präsenter als die vergleichsweise scheue Intimität. Bei „Liebe“ haben wir alle sofort Assoziationen im Kopf: berühmte Liebespaare, Liebeslieder, romantische Filme. Es gibt Liebeswahn, Liebessucht – ja sogar einen Liebestod gibt es, der durch Richard Wagners Oper *Tristan und Isolde* weltberühmt wurde. Und natürlich durch Romeo und Julia, die „star-crossed lovers“, die erst im Tod wirklich vereint sind. Die Romantik bescherte uns den Liebesrausch, gegen den wir machtlos sind, und die Epoche des Sturm und Drang die selbstbezogenen Leiden von Goethes Werther, der sich in einseitiger Liebessucht nach einer vergebenen Frau verzehrt und sich schließlich aus Verzweiflung suizidiert. Aber die Romantik bescherte uns auch die Liebesheirat.

Dass sich viele Menschen eine Verbindung wünschen, die die Gefühle von Liebe, Freundschaft, innerer Nähe und sexueller Leidenschaft in einer Entscheidung zu einem monogamen, exklusiven „Wir“ in einem Format vereint, ist tatsächlich eine recht junge Errungenschaft. Die Liebe veredelt auch den Sex. Wir können Sex haben oder „Liebe machen“.

Liebe ist ein Gefühl, eine soziale Praxis, eine neurologische Realität – und was wären wir ohne sie? „Liebe ist alles“, wie die Band Rosenstolz sehr treffend singt.

Liebe begegnet uns vom ersten Moment an, in dem wir auf dieser Welt sind. Ohne die liebevolle Fürsorge der Eltern können Babys nicht überleben, können Kinder sich nicht gesund entwickeln. Bei der Kommunikation in der Partnerschaft hilft es, die fünf Sprachen der Liebe zu kennen: Berührung (Zärtlichkeit), liebevolle Worte (Lob und Anerkennung), Zeit zu zweit, Geschenke, die von Herzen kommen, und Hilfsbereitschaft.[19]

Diese Sprachen der Liebe geben uns einen guten Hinweis darauf, was Liebe mit Intimität gemeinsam hat: Auch sie ist eine Praxis, in der sich ein Gefühl, eine Intention ausdrückt. Wir drücken Liebe aus durch Handeln. Da wo die Intimität eine tiefe gegenseitige Verbundenheit und Vertrautheit ausdrückt, da drückt die Liebe ein starkes Gefühl der Zuneigung, Wertschätzung und Sympathie aus, welches manchmal einhergeht mit erotischer Anziehung und Begehren. Insbesondere in der Anfangsphase von Verliebtheit kann man Liebe auch messen, anhand biochemischer Vorgänge im Gehirn, die wie ein Drogencocktail Begehren, Sehnsucht und intensive Gefühle von Zuneigung auslösen. Diese Gefühle gehen mit der zunehmenden Stabilisierung einer Verbindung und als Folge von Beziehungspraxis allmählich über in einen ruhigeren emotionalen Grundzustand.

Die Unterschiede zur Intimität? Eine Liebe kann über viele Jahre bestehen, aber es kann dabei an Intimität fehlen. Intimität kann nur im gegenseitigen Handeln entstehen, Liebe bleibt manchmal auch einseitig, sie braucht keine Gegenseitigkeit, es steht nicht fest, dass sie erwidert wird. Kunst, Literatur, Film und Musik wären um einige Klassiker ärmer, wenn es diese Einseitigkeit nicht erwiderter Liebe nicht gäbe! Liebe ist das schönste Gefühl der Welt, – und gleichzeitig wurde und wird nichts lieber behandelt als Leiden an ihr – ein ganzer Kanon besteht aus liebeskranken, sich verzehrenden Verliebten, schmachtenden Schlaflosen –, der berühmte Liebeskummer ist eine einsame und einseitige Angelegenheit und manchmal alles andere als intim.

Aber nicht nur das: Liebe kann auch selbstlos und um ihrer selbst willen gefühlt und gegeben werden. Nächstenliebe ist eine Tugend vieler Religionen.

Sprachlich verzahnt auch die Liebe, ähnlich wie die Intimität, zwei Aspekte: das Zärtliche, Liebevolle, das sich in der alten indoeuropäischen Sprachwurzel „leubh" (sich kümmern, freundlich, geliebt sein) ausdrückt, und das altindische Sanskrit-Wort „lubhyati", was Begehren, Lustempfinden und Gier ausdrückt.

Griechische Liebeskonzepte: Eros, Philia und Agape

Die Liebe hat auf der Landkarte von Intimität einen wichtigen Platz. Nicht immer gehen die beiden Hand in Hand, aber sie sind oft verbunden unterwegs. Ein besonders schönes Beispiel sind die alten griechischen Beschreibungen von Liebe: Wir finden in dieser Sprache nicht weniger als acht verschiedene Wörter, um unterschiedliche Ausprägungen von Liebe zu beschreiben: Eros, Philia, Agape, Storge, Mania, Ludus, Pragma, Philautia. Die für zwischenmenschliche Intimität interessantesten drei sind:

Eros, die leidenschaftliche, körperliche Liebe, aus der sich unser modernes Wort „Erotik" herleitet. Sie ist in der griechischen Mythologie der Gottheit Eros zugeordnet, den wir als geflügelten Jungen kennen, der den Menschen Pfeile ins Herz schießt, die sie in Liebe entflammen lassen. Die leidenschaftliche Liebe, so das antike Verständnis, war die erste der drei Formen von zwischenmenschlicher Liebe. Auf Eros folgt Philia, als zweite Liebesform. Philia bezeichnet die freundschaftliche Liebe, die Verbindung zwischen Liebenden, aber auch zwischen Freunden oder Kollegen. Diese Liebe basiert auf Gemeinsamkeiten, Wünschen, Gefühlen der Verbundenheit, wenn Menschen ähnlich ticken und sich gut miteinander verstehen. Hier, in der Philia, zeigt sich am deutlichsten der uns bekannte Kern der Intimität, den das lateinische „intimus" beschreibt; tiefe Vertrautheit, emotionale Nähe, Verbundenheit. Als dritte Form von Liebe ist die Agape zu nennen, die edelste der drei Liebesformen als eine selbstlose, schenkende Liebe, die dem anderen Gutes will, die Liebe gibt, ohne im Gegenzug einen Ausgleich zu erwarten. Agape kann auch als Liebe zu Gott oder zum Göttlichen verstanden werden. Es ist die höchste Form der Liebe, Zeichen von Empathie und einer zwischenmenschlichen Fürsorge über viele Jahre hinweg.

Hier, in der Kombination aus Eros, Philia und Agape berühren sich Liebe und Intimität sehr deutlich. Und diesen schönen Dreiklang finden wir manchmal auch in unseren medialen Bildern dargestellt: *Ghost – Nachricht von Sam* (1990) erzählt die Liebesgeschichte von Sam (Patrick Swayze) und Molly (Demi Moore). Sam wird ermordet und kehrt als Geist wieder, um seine Freundin zu beschützten. Legendär ist die Liebesszene dieses Films, inszeniert zu einem Liebeslied-Klassiker: *Unchained Melody*. Sam und Molly töpfern nachts gemeinsam, nach und nach wird die Szene immer intimer und körperlicher. In diesem Moment kommen Liebe, Intimität und Erotik zusammen. Eros und Philia sind in der Töpferszene zwischen Molly und Sam deutlich präsent. Die Agape, also die selbstlose sich schenkende Liebe ist diejenige, welche Sam im Laufe des Films als Geist für seine Freundin gibt, um ihr Leben zu beschützen.

Eine Fußnote zur Töpferszene in *Ghost*: Ursprünglich sollte sie nur als Vorspiel für die eigentliche, obligatorische Liebesszene im Film dienen. Da jedoch das Töpfern bereits so überzeugend Liebe, Erotik und Intimität erzählte, entschied man, dass es die Sexszene gar nicht mehr brauchte. Es war bereits alles gesagt. Heute hat die Töpferszene Kultstatus und findet sich oft wieder in den Toplisten der besonders intimen, sinnlichen, erotischen und liebevollen Filmmomente.

Liebe und Intimität haben viele Berührungspunkte miteinander, aber wir müssen sie differenziert betrachten, ebenso wie Sex und Intimität. Und wir müssen, um einen neuen Zugang zur Intimität zu finden und unsere Beziehungen erfüllender zu gestalten, verstehen: Sex ohne Intimität macht uns auf Dauer weder satt noch glücklich, auch die Liebe ohne Intimität hat keine echte Substanz bzw. trägt auf Dauer nicht. Die Intimität ist das emotionale Futter für die Tiefe und für die Langdistanz, wenn man so will. Und was wir auch verstehen müssen, um Intimität für uns neu zu erschließen: Im Gegensatz zur Liebe benötigt Intimität immer Reziprozität. Sie entsteht erst in der Verbindung zwischen zwei Menschen, und zwar auf Augenhöhe.

INTIMITÄT ENTSTEHT AUS INNERLICHER VERBINDUNG

Ich selbst definiere Intimität als eine Praxis von „Berührung“ zwischen zwei Menschen:

Zwischenmenschliche Intimität bedeutet, die andere Person emotional, geistig und körperlich zu berühren und von ihr emotional, geistig und körperlich berührt zu werden. Diese Berührung zeichnet sich aus durch authentische Verbundenheit miteinander, die entsteht durch gegenseitige Verletzlichkeit, Öffnung und die Rückversicherung im Kontakt miteinander, in der eigenen Verletzlichkeit und Öffnung vom anderen empathisch gesehen und gehalten zu werden.

Intimität ist kein Gefühl, sie ist ein aktives Tun in Bezug auf eine andere Person, dessen Resultat das erfüllende Empfinden von gemeinsamer Zuneigung und Verbundenheit ist. Es braucht also Reziprozität, ein „Wir“. Und es braucht die Selbstoffenbarung, die emotionale Intimität, das Teilen von Gefühlen und Gedanken. Mit dieser Ehrlichkeit und Offenheit geht immer eine Verletzlichkeit einher, die vom Gegenüber gesehen und gehalten werden kann. Und hier sind wir im Kern von echter Intimität: im Intomesee, im „intimus“. Hier müssen wir ran, wenn wir Intimität für uns und mit anderen Menschen erfüllend gestalten wollen.

Hier kann emotionale und gedankliche Berührung miteinander stattfinden, im Sehen, Verstehen und Rückversichern. Und diese innerliche Berührung artikuliert sich auch körperlich – hier bewegen wir uns in das Spektrum körperlicher

Intimität hinein. Auch wenn die Berührung sich nicht immer in Körperkontakt äußert, in einer Umarmung, oder in sexuellen Handlungen, so registriert unser Körper doch auch die emotionale, gedankliche oder spirituelle Intimität. Echte Intimität, die Verletzlichkeit zulässt, berührt uns, sie tut uns gut, denn sie ist Akzeptanz: „Ich zeige mich dir, so wie ich *wirklich* bin, ungeschönt, mit allen meinen Gedanken und Gefühlen. Und ich sehe dich, so wie du bist, in deiner Ganzheit als Mensch, und ich nehme dich so an, wie du bist, und ich halte dich, so wie du bist." Es entsteht echte Berührung, die sich körperlich ausdrücken kann, aber nicht muss. Was es uns schwermacht, diese Form der Intimität miteinander zu praktizieren, einander auf diese Weise zu berühren und zu sehen und uns berühren und sehen zu lassen, ist, dass wir uns oft nicht trauen, in diese Öffnung und Nähe zu treten. Wir mögen unsere Verletzlichkeit anderen Menschen nicht gerne offenbaren. Aber genau das ist die Kernzutat von Intimität: unsere Verletzlichkeit.

INTIMITÄT NEU DENKEN: DAS TABU DER VERLETZLICHKEIT

Was bedeutet es eigentlich, wenn wir uns verletzlich zeigen, in Verbindung mit einem anderen Menschen diese Verletzlichkeit zuzulassen? Wie wohl oder unwohl fühlen wir uns mit dem Gefühl, verletzlich zu sein? Wie leicht oder schwer fällt es uns, und würden wir es vielleicht lieber vermeiden, unser Innerstes zu entblößen, zu zeigen, wie verletzlich wir uns wirklich fühlen? Mit Freunden? In der Familie? Oder in der Partnerschaft?

Verletzlichkeit macht den Kern von uns Menschen aus. Sie ist die wichtigste Zutat von Intimität und die Voraussetzung dafür, dass Intimität zwischen zwei Menschen entstehen kann. Und auch wenn wir es ungern wahrhaben wollen: Unsere Verletzlichkeit ist immer da. Dennoch finde ich es erstaunlich, wie selten wir sie thematisieren, wie wir sie wegdrücken oder verheimlichen, weil wir uns insgeheim für sie schämen.

Denn wir leben in einer Leistungsgesellschaft, in einer Zeit, in der Eigenschaften wie Attraktivität, Erfolg, und Stärke im Vordergrund stehen – was an sich nichts Schlimmes ist. Aber ist es authentisch? Und macht es uns glücklich? Wir können die als positiv bewerteten Marker von Erfolg, Status und äußerlicher Attraktivität gut beobachten in den modernen Formen der Selbstdarstellung, beispielsweise auf Social Media, in der Unterhaltungsbranche, aber auch in Politik oder in Unternehmenskulturen, wo Kompetenz gezeigt werden muss und es so manchem schwerfällt, einen Fehler einzugestehen. Die „Richter“ über unseren Wert als Menschen sitzen, so scheint es, im Außen, in dem Blick, den andere Menschen auf uns haben, und in den Urteilen und Bewertungen, die das Außen über uns spricht. In der Werbung werden uns Produkte gezeigt, die unser Leben perfekt machen sollen und uns selbst dünner, stärker, schöner und selbstbewusster – versprochen wird damit auch ein gesteigerter Erfolg in zwischenmenschlichen Beziehungen. Im Idealfall bringen uns Dating-Coaches den letzten Schliff bei, wie wir beim Geschlecht unseres Interesses mit dem richtigen Verhalten punkten können, damit auch unser sozialer und sexueller Erfolg steigt.

Ich habe bis heute noch keine einzige Werbung gesehen, die uns Verletzlichkeit verkaufen möchte. Eher scheint mir, dass wir Menschen generell unsere tiefe Verletzlichkeit verstecken möchten – warum fühlen wir uns so ungern verwundbar? Unsere Verletzlichkeit ist offensichtlich und dennoch ist sie in unserer modernen Leistungsgesellschaft nach wie vor ein Tabu, denn sie steht den Idealen einer jungen, sportlichen, erfolgreichen und kompetenten Gesellschaft entgegen. Die schöne Oberfläche zählt, Stärke, Coolness, Ehrgeiz und vermeintliche Unverwundbarkeit. Wir verdrängen vielleicht die unguten Gefühle, die in uns sind, wehren all das in uns und bei anderen ab – vielleicht durch betonte Leistung, durch aufgesetzte Fröhlichkeit, manchmal auch durch Aggression und Abwehrverhalten.

Dabei wäre viel erreicht, wenn jeder Mensch seine eigene Verletzlichkeit wahrnehmen, fühlen, liebevoll annehmen und ohne Angst vor Zurückweisung oder Scham über die eigene Schwächen und Gefühle sprechen könnte! Der begnadete Schauspieler und Komiker Robin Williams, der Millionen von Menschen mit seinem Humor und seiner ansteckenden Fröhlichkeit glücklich machte, der aber selbst mit Depression, Alkoholsucht und Krankheit kämpfte und sich schließlich das Leben nahm, sagte einmal: „Es braucht nur ein wunderschönes, falsches Lächeln, um eine verletzte Seele zu verstecken – und sie werden niemals bemerken, wie gebrochen du wirklich bist.“ Wie wahr! Selbst Williams hatte über seine Alkoholsucht Witze gemacht – wie schlecht es ihm mental wirklich ging, erfuhr die Welt erst nach seinem Suizid. Mich erschütterte sein Tod zutiefst, und insbesondere berührte mich seine Verletzlichkeit, die er so genial hinter der Maske seiner Kunst versteckt hatte.

Warum verstecken wir unsere Verletzlichkeit? Warum tun wir lieber so, als wäre immer alles bestens bei uns? Als würde alles super laufen, gesundheitlich, im Job, im Privatleben, auf dem Bankkonto? Ich vermute, es liegt daran, dass wir kein Vertrauen darauf haben, dass unsere Umwelt gut mit uns umgeht, wenn wir uns verletzlich und schwach zeigen, wenn wir Hilfe brauchen, über unsere Gefühle reden und uns öffnen. Wenn wir nicht die Strahlemänner und -frauen sind, die alles im Griff haben, sondern wenn wir sagen, wie es uns wirklich geht. Uns fehlt die Sicherheit, dass wir gehalten werden. Aber wie würde unsere Gesellschaft davon profitieren, wenn jeder von uns sich verletzlich machen könnte, weil unsere Umwelt damit empathisch und warmherzig umgehen würde, uns für unsere Verletzlichkeit nicht bestrafen oder abwerten würde? Wie viel stressfreier und zufriedener wären unsere Leben, wie viel weniger Druck würden wir spüren? Wie viel tiefer und erfüllender könnten wir Intimität mit anderen Menschen erleben?

Verletzlichkeit ist Menschlichkeit

Verletzlichkeit bedeutet, dass wir für uns verstehen, dass wir menschlich sind. Unsere Verletzlichkeit ist körperlich, denn unsere Körper sind verwundbar, sie können krank werden und sie werden unweigerlich altern und eines Tages sterben. Dies ist die grundlegende, essenziellste Verletzlichkeit, die wir seit unserer Geburt in uns tragen und gegen die wir gar nichts tun können. Das ist unser menschliches Schicksal, und wir sollten nicht nur mit unserer Lebenszeit gut umgehen, sondern auch mit unserer darin liegenden Verletzlichkeit und mit uns selber Mitgefühl haben.

Wir sind Menschen, keine Maschinen. Unsere Körper, unsere Gesichter sind nicht perfekt und sie müssen und sollen es auch nicht sein – auch wenn unsere moderne Ästhetik und die Aufmerksamkeitsökonomie der digitalen Plattformen uns mit diversen Filtern, Operationen und Selbstoptimierungswerkzeugen suggerieren, wir könnten, ja sollten sogar unsere Verletzlichkeit, zumindest für eine Weile, vergessen. Ich halte das für fatal, denn es ist ein No-win-Szenario, das nicht glücklich machen kann oder wird.

Unsere Verletzlichkeit bedeutet auch, dass wir Menschen Fehler machen und diese Fehler eingestehen können und dürfen. Dass es unseren Wert in keiner Weise mindert, wenn wir zugeben, etwas falsch gemacht zu haben, und dafür in die Verantwortung treten – im Gegenteil. Das ist wahre Stärke. Kein Mensch ist perfekt, und das kann auch niemals der Anspruch sein. Fehler können und dürfen passieren, ja es braucht unsere Fehlerhaftigkeit, unsere fehlende Perfektion. Sie erdet uns und sie lässt uns wachsen. Vor allem aber erinnert sie uns daran, dass wir Menschen sind – und zwar gemeinsam miteinander. Die Verbindung mit dem, was wir wirklich im Innern fühlen, und das konsequente Eingestehen der eigenen Verletzlichkeit würden uns dazu führen, nicht nur die eigene Menschlichkeit, sondern auch die der anderen anzuerkennen – und danach zu handeln. Also: den anderen menschlich zu behandeln, ihm Zuneigung, Respekt und Nachsicht entgegenzubringen. Wie viele Konflikte könnten friedlich gelöst werden, wie viele Kriege würden nicht geführt, wenn sich Menschen in Machtpositionen ihre Verletzlichkeit und Fehlbarkeit eingestehen und die Menschlichkeit ihres Gegenübers anerkennen und respektieren könnten?

Mut zur Verletzlichkeit

Intimität braucht Verletzlichkeit. Und sich verletzlich zeigen, braucht ein bisschen Mut. Für die meisten Menschen ist es nicht ganz einfach, sich und anderen einzugestehen, dass man Probleme hat, dass man Hilfe braucht, dass man überfordert ist und nicht weiterweiß. Ehrlich und aufrichtig zu sagen, wie man sich wirklich fühlt, was man braucht. Genau hier, in der Wahrnehmung und Akzeptanz der eigenen Verletzlichkeit und der Kommunikation darüber, setzt die Chance zu echter zwischenmenschlicher Verbindung an.

Unsere Verletzlichkeit ist emotionaler und gedanklicher Art: Ich erinnere mich noch gut – und mit einem Schmunzeln – an meinen ersten Kuss während meiner Teenagerzeit. Zwar hatte ich zu dem Zeitpunkt schon Kussszenen gesehen und natürlich auch Küsse zwischen Erwachsenen mitbekommen, aber wenn ich ehrlich bin: Ich hatte damals, mit meinem ersten Freund, keine Ahnung, wie man das jetzt angehen könnte. Und trotzdem tat ich total cool und erfahren, so, als wüsste ich längst Bescheid. In Wahrheit fühlte ich mich sehr verletzlich. Am liebsten hätte ich meinem Freund gesagt, wie unsicher ich mich fühle, hätte gerne mit ihm darüber geredet, aber ich wollte mir keine Blöße geben oder als schwach gelten. Ich wollte einfach die coole junge Frau sein, die genau wusste, was sie da tat – und ich wollte meinen Freund beeindrucken.

Mal Hand aufs Herz: Wie oft haben wir uns in einem intimen Kontakt schon verletzlich und unsicher gefühlt, aber haben es vielleicht in dem Moment nicht ausgesprochen? Oder überspielt? Vielleicht dachten wir, dass die Reaktion unseres Gegenübers negativ ausfallen könnte? Dass es die Stimmung irgendwie verderben könnte? Dass die andere Person uns auslachen, sich lustig machen, uns abwerten könnte?

Wenn ich intime Gefühle und Gedanken preisgebe, dann zeige ich mich so, wie ich im Inneren bin. Der Schein, mit dem wir uns so oft umgeben, unsere Maske, fällt ab, und der Mensch hinter der Fassade tritt in Erscheinung. Das hört sich krass an, aber nur so kommt eine richtige Verbindung zu einem anderen Menschen zustande. Und natürlich besteht immer die Möglichkeit, dass mein Gegenüber mich und insbesondere meine Bitte um Verbindung, die ich in dem Moment äußere, ablehnt. Daher unsere Angst.

Da kommt mir ein Moment vor ein paar Jahren in den Sinn, in dem ich in einer intimen Situation meinen ganzen Mut zusammenfasste und meinem Gegenüber etwas sehr Privates über mich erzählte, was ich noch nie jemandem erzählt hatte. Ich erinnere mich noch, wie ich zu Beginn dies auch in Worte fasste und sagte, wie verletzlich es mich mache, diese Dinge zu erzählen. Während ich redete, zitterte ich am ganzen Körper, meine Stimme war brüchig, es kostete mich große Überwindung, so ehrlich und intim zu sein und mein Innerstes offenzulegen. Ich hatte große Angst davor, dass mein Gegenüber mich zurückweisen oder ablehnen könnte oder, in welcher Form auch immer, eine Art Urteil über meinen Wert als Mensch sprechen könnte.

Kein Wunder, dass ich vor Erleichterung weinte, als mein Gegenüber die intime Offenbarung mit der größten Empathie und Zärtlichkeit aufnahm. Danach fühlte ich mich besser, gestärkt und verbunden – im Frieden. Denn ich fühlte mich gesehen, in allen meinen Anteilen, auch in denen, von denen ich dachte, das kann ich niemandem jemals erzählen. Es war für mich ein echter Moment von Intomesee.

Heute fällt es mir leicht, mich einem anderen Menschen gegenüber verletzlich zu zeigen. Ähnlich wie das Artikulieren von Bedürfnissen und Grenzen ist die Verletzlichkeit wie ein Muskel, den man trainieren kann und dessen Training ich empfehle. Es lohnt sich, denn es ist der erste Schritt in Richtung einer tieferen, verbundeneren Intimität.

Scham und die Angst vor Zurückweisung

Wer in seiner Jugendzeit in die Tanzschule ging, Partys oder Schulbälle besuchte, erinnert sich vielleicht an das ein oder andere Szenario der Kontaktanbahnung, oder anders ausgedrückt: an den Moment von Selbstoffenbarung und Geständnis der eigenen Gefühlslage. Für junge Menschen ein ziemlich stressiges Terrain.

Bei mir passierte es in der Tanzschule. Eines Tages nahm ich all meinen Mut zusammen, um meinem Schwarm beim langsamen Slow Dance zu gestehen, dass ich nicht nur mit ihm zum Abschlussball gehen wollte, sondern dass ich auch total verliebt in ihn sei und wie das bei ihm wäre. Sein Nein fiel vehement aus, seine Zurückweisung erhielt ich laut und für alle Tanzenden um uns herum klar verständlich. Passenderweise lief auch noch Whitney Houstons *I will always love you* – kein Scherz. Der Traum meiner schlaflosen Nächte, bei einem Tanz im Arm gehalten zu werden, zerfloss in einem Gefühl abgrundtiefer Beschämung, und das Ganze selbstverständlich vor den Augen des gesamten Tanzkurses. Damals war das für mich die Hölle, heute muss ich schmunzeln, wenn ich an die Situation denke.

Woher kommt diese Angst vor der Verletzlichkeit eigentlich? Wie entsteht sie? Es gibt Dinge, bei denen fällt es uns gar nicht schwer, sie mit anderen zu teilen: Das kann der Geburtsort sein oder die Augenfarbe. Darüber kann ich ohne Probleme sprechen, ich fühle mich sicher und nicht verletzlich. Aber es gibt Dinge, die uns ein Gefühl von Schwäche geben, wenn wir sie benennen und mit anderen Menschen teilen. Wer mag, kann für sich einmal überlegen, was das sein könnte und worin hier der Unterschied liegt zu unverfänglichen Dingen.

Warum ist es uns bei einer Sache egal, wie der andere reagiert, und bei einer anderen Sache wünschen wir uns eine ganz bestimmte Reaktion, ansonsten würden wir uns furchtbar fühlen? Die Antwort auf diese Frage finden wir, wenn wir uns die schlimmstmögliche Reaktion auf unsere Selbstoffenbarung vorstellen: Wir fürchten uns vor Zurückweisung und Entwertung. Weil wir bei vielen Dingen, die wir nur zögerlich teilen, den Wunsch haben, bestätigt zu werden – und Angst haben, zurückgewiesen zu werden. Wir geben einem anderen Menschen die Möglichkeit, uns in unserem Bindungsbedürfnis zu verletzen – in der Hoffnung, dass dieser es nicht tun wird. Das fällt uns Menschen verständlicherweise nicht leicht, denn wir brauchen Bindung.

Untrennbar mit diesem Vorgang verknüpft ist das Gefühl der Scham. Die Pionierin auf dem Gebiet der Verletzlichkeit,

Brené Brown, führt genau dies, das Gefühl der Scham und die Angst vor der (sozialen) Beschämung, als größtes Hindernis für Verletzlichkeit auf. Wir möchten nicht angreifbar sein: „Scham ist der Meister, das mächtigste aller Gefühle. Scham ist die Angst, dass wir nicht gut genug sind." [20]

Dabei ist Scham selbst ein Gefühl, über das wir selten sprechen – es ist in sich schambehaftet und mit starken Wertungen belegt. Scham betrifft beide Geschlechter, Männer wie Frauen, wenngleich es auch Unterschiede gibt: Für Männer ist Scham statusgebunden, jedes Zeichen von Schwäche, Misserfolg, Verlust von Ansehen ist schambehaftet – hier beginnt das, was oft als emotionaler Rückzug von Männern bezeichnet wird. Nicht weinen, keine Gefühle zeigen, das würde negative Konsequenzen haben. Bei Frauen ist es eher die Angst, dass Intimes öffentlich gemacht wird und hieraus Beschämung und soziale Ächtung entsteht.[21]

Warum empfinden wir so? Nun, wir sind soziale Gruppentiere und auf Kontakt mit anderen Menschen angewiesen. Wir wollen gesehen, wertgeschätzt werden, gebunden und akzeptiert sein. Bindung ist unser Urbedürfnis, und diese Bindung nicht zu erhalten oder von einem anderen Menschen zurückgewiesen zu werden, ist eine tief sitzende menschliche Urangst. Ohne Zusammensein mit anderen Menschen würden wir eingehen. Die Gehirnareale, die aktiviert werden, wenn wir uns schämen, sind dieselben, die beim Empfinden einer existenziellen Angst aktiviert werden. Es geht hier also wirklich an die Substanz! Unsere Vorfahren waren auf den Schutz der Gruppe für ihr Überleben angewiesen, Babys und Kinder würden ohne Bindung, ohne liebevolle Fürsorge weder überleben noch psychisch gesund heranwachsen.

Wenn ich mich für eine Eigenschaft, für Gedanken oder Gefühle von mir schäme und sie deshalb vor anderen Menschen versuche zu verbergen, dann liegt darin meine Angst, dass, wenn andere Menschen davon erfahren, sie mich dafür bewerten, also abwerten, und mir Zuneigung, Freundschaft, Liebe und Anbindung verweigern könnten. Scham ist ein interessantes Gefühl, es ist individuell und gesellschaftlich unterschiedlich definiert, wofür man sich schämt oder was in einem Menschen Schamgefühl verursacht. Aber es ist sehr klar, dass Scham etwas ist, das erst im Kontakt zwischen uns Menschen entstehen kann.

Ein Mensch, der allein auf einer einsamen Insel geboren und groß wird und dort ohne andere Menschen lebt, wird das Gefühl von Scham und Beschämung nicht kennen. Wir lernen Scham über unsere Sozialisierung und in der Gemeinschaft mit anderen Menschen. Bereits Kleinkinder entwickeln dieses Gefühl als Reaktion auf negative Bewertungen der Eltern, etwa Ärger über das Verhalten des Kindes, Liebesentzug oder Ekel. Wir lernen, was okay ist und was peinlich ist.[22]

Durch die Scham hindurch, hin zur Empathie

Das Gefühl der Scham sitzt bei uns Menschen genau da, wo auch Intimität im Miteinander entsteht. Genau dort, wo unser Innerstes sitzt, verborgen, mit Scham belegt, wo das sitzt, was wir nur ungern mitteilen, dort, wo man uns existenziell verletzen kann – dort ist auch der Kern von Intimität beheimatet.

Was ist die Lösung? Brené Brown bringt es auf den Punkt: „Wir versuchen verzweifelt, keine Scham zu fühlen, und wir wollen auch nicht darüber reden. Aber die einzige Möglichkeit, Scham aufzulösen, ist, darüber zu reden. Scham im Reagenzglas wächst exponentiell durch drei Zutaten: Geheimhaltung, Schweigen und Verurteilung. Wenn man die gleiche Menge Scham im Reagenzglas mit Empathie tränkt, kann die Scham nicht überleben."[23]

Das ist das Geheimnis der Scham und der Grund, warum sie überhaupt funktioniert und Macht über uns hat. Sie ist, in den Worten Browns, eine „Epidemie, über die niemand spricht" – ähnlich wie die zunehmende Einsamkeit in unserer Gesellschaft. Nur durch unser Schweigen bekommt die Scham eine fast unheimliche Macht. Man kann sie sich vorstellen wie einen Vampir: Sie agiert im Dunkeln, sitzt tief in uns drin, im Kern, im Intimsten unseres Selbst, und kann nur so lange wirken, solange wir sie nicht beim Namen nennen und entzaubern. Sobald wir sie ans Licht bringen, verliert sie ihren Schrecken.

Deshalb ist die Scham auch eine wichtige Wegmarke auf der Landkarte der Intimität. Wenn ich mir in einer Partnerschaft vielleicht mehr Nähe wünsche oder eine andere Form von körperlicher Intimität, kann es durchaus sein, dass ich mich schwertue damit, darüber zu sprechen. Vielleicht fehlen mir die Worte, ich weiß nicht, wie ich am besten meine Bedürfnisse äußern soll, oder ich habe Angst, wie mein Gegenüber darauf reagiert, ob ich in meinen (wahren) Bedürfnissen gesehen und angenommen werde. Und genau hier muss ich dranbleiben: ehrlich, mutig, die Dinge beim Namen nennen, durch meine Scham hindurch. Erst wenn wir hindurchgehen, sie benennen und sie hinter uns lassen, können wir uns öffnen. Das braucht vor allem einen liebevollen

Blick auf sich selbst. Selbstempathie ist eine ganz wichtige Fähigkeit, die wir für uns pflegen sollten: Sie bedeutet Verständnis und Akzeptanz. Mich selbst gut zu kennen und reflektieren zu können, in meinen Gefühlen, Gedanken und Werten, mit meinen Stärken und Schwächen und mich darin anzunehmen. Wenn ich mich selbst akzeptiere und so annehme, wie ich bin, wenn ich mit mir selbst empathisch und mitfühlend sein kann, dann kann ich mich offenbaren, kann das, was in meinem Innersten versteckt ist, mit einem anderen Menschen teilen, ganz gleich, wie der andere Mensch darauf reagieren wird und ob er empathisch auf mich eingehen kann.

Hier kommt der eigene gesunde Selbstwert ins Spiel: ein Selbstwert, der nicht von außen abhängt, nicht von meiner Leistung, meinem Aussehen, meinen Erfolgen, sondern der ein Wert ist, den ich in mir fühle und der nicht zur Verhandlung steht. Ein Selbstwert, der Verletzlichkeit, Schwäche und Scham zulassen kann. In der Psychologie spricht man auch von „Selbstwirksamkeit“. Umgangssprachlich sagt man, jemand „ruht in sich“. Wenn ich in mir ruhe, dann fällt es mir leichter, auch innerste Gefühle, Gedanken und Zustände mitzuteilen, dann stehe ich zu dem, was ich fühle und denke. Vielleicht schmerzt es mich trotzdem, wenn mein Wunsch nach Bindung oder der Wunsch an mein Gegenüber, meine Gefühle und Gedanken ernst zu nehmen, enttäuscht wird. Aber ich fühle mich durch diese Zurückweisung nicht persönlich infrage gestellt, fühle mich nicht beschämt oder zweifle an meinem Wert als Mensch.

Damit zwischenmenschliche Intimität entstehen kann, braucht sie die Verletzlichkeit und die Empathie beider Seiten.

Nicht immer gelingt das, und nicht mit jedem Menschen kann oder sollte man sich verletzlich machen, sondern man sollte abwägen, mit welchen Menschen man sich auf dieser Ebene öffnet. Wie die Verletzlichkeit ist auch die Empathie ein Muskel, den man trainieren kann und sollte. Es ist die Fähigkeit, sich in den anderen Menschen hineinversetzen zu können, zu verstehen und zu fühlen, wie der andere sich in dem Moment fühlen muss und warum er so denkt und fühlt. In zwischenmenschlichen Beziehungen ist das eine Grundkompetenz – ich kann anderer Meinung sein, kann die Dinge anders sehen, und dennoch kann ich die Gefühle des anderen annehmen, kann respektieren, warum die andere Person so fühlt und denkt, und kann ihr das auch zeigen. Gerade wenn es im Zwischenmenschlichen mal hochkocht, lohnt es sich, durchzuatmen und gegenseitig die Perspektive des anderen einzunehmen.

Leider ist Empathietraining kein offizielles Schulfach, aber ich erinnere mich an eine sehr spannende Übung aus meiner Ausbildung als Intimitätskoordinatorin: Es war eine Variation der sokratischen Methode, benannt nach dem griechischen Philosophen. Es handelte sich um ein kleines, effizientes Empathietraining: In einer Diskussion zu einem bestimmten Thema, bei dem die Fronten verhärtet waren, mussten wir mitten in der Diskussion die Rollen tauschen! Von jetzt auf gleich musste ich also die Position meines „Gegners" vertreten – und zwar überzeugend! Während mein Gegenüber meine Position gegen mich verteidigte. Diese Übung empfand ich als extrem aufschlussreich und bereichernd; es fühlte sich an wie eine Sporteinheit für mein Gehirn, nicht nur meine Themen zu verteidigen, sondern auch den Wert der Überzeugungen des anderen zu sehen. Im Zwischenmenschlichen empfinde ich dies als eine überaus wertvolle, wichtige Fähigkeit.

Allerdings haben manche Menschen Empathie nie gelernt, manche haben sie im Laufe ihrer Lebensbiografie verlernt; wieder anderen Menschen fällt Empathie grundsätzlich schwer, oder es ist ihnen fast gar nicht möglich, empathisch zu sein, weil sie ihre eigene Gefühlswelt abgespalten und keinen Zugang zu ihr haben.

Wir können nicht davon ausgehen, dass unser Gegenüber in der Lage ist, uns mit Empathie zu begegnen, wenn wir uns verletzlich machen. Wir können uns aufrichtig, empathisch mitteilen und damit dem anderen Menschen ein Intimitätsangebot machen. Wichtig ist jedoch, dass wir in unserem Angebot empathisch mit uns selbst sind. Das ist der eigentliche Power Move.

Und selbst wenn unser Gegenüber nicht zu uns in die Intimität treten will oder kann: Darin, dass wir unser Innerstes ehrlich und verletzlich teilen, liegt unsere Stärke. Das ist mutig! Hierin liegt die innere Befreiung, eine emotionale und gedankliche Freiheit und ein innerer Frieden mit uns selbst.

Selbstintimität: Ein Baustein für bessere Beziehungen zu anderen Menschen

Intimität mit uns selbst bedeutet, dass wir unseren eigenen Gefühlen und Gedanken Verständnis und Akzeptanz entgegenbringen. Sie macht uns gleichzeitig sicherer darin, uns gegenüber einem anderen Menschen verletzlich zu zeigen, unsere Gefühle und Gedanken zu teilen, auch das, was schambehaftet ist und viel lieber unausgesprochen bleiben will.

Selbstintimität hilft uns, wenn wir Intimität mit einem anderen Menschen aufbauen und erleben wollen. Wenn ich mich und meine innere Gefühlswelt so annehme, wie ich bin, auch die Schwächen und die nicht so schönen Anteile, dann fällt es mir leichter, einen anderen Menschen so anzunehmen, wie er ist, mit all seinen Facetten. Kann ich mich selbst emotional „halten“, dann kann ich auch einen anderen Menschen emotional „halten“.

How-to

Selbstintimität zu praktizieren ist kein Leisten oder Abarbeiten einer To-do-Liste. Es geht darum, Gefühle, Gedanken und Ruhe zuzulassen und einfach nur zu fühlen. Eröffnen wir einen Raum mit uns alleine und lassen wir uns auf diese Erfahrung ein! Wichtig ist: Ganz egal, welche Gefühle aufkommen, wir sollten sie nicht be- oder gar abwerten, sondern sie einfach nur wahrnehmen. Zum Beispiel:

- Die eigenen Gefühle aufschreiben und reflektieren: als Tagebuch oder in Form von Gedichten, Geschichten, Gedankenströmen
- Gefühle und Gedanken kreativ ausdrücken: Musik machen, malen, tanzen, singen
- Hobbys nachgehen, die erfüllen, die Ruhe und Kraft geben
- Zeit allein verbringen: ins Kino oder Theater gehen,

reisen, ein Essen im Restaurant genießen

- Berührung passiv empfangen: Massage
- Ruhe fühlen, zur Ruhe kommen: Meditation, Atemübungen
- Den Körper stärken und Sport treiben
- Den Körper weicher machen durch Yoga, Mobility oder Stretching
- Einen langen Spaziergang in der Natur machen
- Zeit mit Tieren verbringen

Mentale Gesundheit: Intimität spielen macht verletzlich

Meinen ersten Film-Ehemann lernte ich morgens in der Maske kennen. Während ich für die Hochzeitsszene geschminkt und frisiert wurde, kam der nette Schauspielkollege herein, wir begrüßten uns, tauschten den üblichen Small Talk aus. Noch kurz gemeinsam ein Kaffee, ab ins Kostüm, verkabeln, und dann ging's auch schon ans Heiraten. Probe? Keine Zeit – let's go! Ehe ich michs versah, kam die Regieanweisung: „So, und jetzt küsst euch bitte!" Der Kollege lehnte sich nach vorne, ich mich auch und: Lippenkontakt. In meinem Kopf rasten derweil die Gedanken: „Sieht das gut aus? Wie lange küssen wir uns eigentlich? Mit geschlossenem Mund, oder? Zittern meine Hände?"

Ich erinnere mich noch an die zwei Stimmen in meinem Kopf, die Stimme von Julia, die dachte: „Krass, ich küsse einen mir fremden Menschen, der nicht mein Partner ist“; und die Stimme der Schauspielerin, die cool konterte: „Julia, reiß dich zusammen, du bist Profi und hierfür wirst du bezahlt. Du bist doch Künstlerin, oder?“

Über den Schauspielberuf existieren viele Mythen: Wir schlafen morgens lange aus, verdienen viel Geld, stehen ständig auf roten Teppichen und sind vielleicht ein bisschen verrückt. Ganz so wild ist es nicht, und die Fantasie entzaubere ich immer gerne: Nur wenige Schauspieler können von ihrem Beruf leben, die meisten haben einen sehr normalen Alltag. Zwar gibt es manchmal tatsächlich die Gelegenheit, über einen Teppich zu laufen, der die Farbe Rot hat – aber Schauspiel ist mehrheitlich das: harte Arbeit und wenig glamourös. Schauspiel ist gedanklicher, emotionaler und körperlicher Hochleistungssport. Diesen Beruf muss man wirklich lieben, ohne berühmt sein zu wollen. Und man muss sein Handwerk gut beherrschen, wenn man den Beruf ein Leben lang ausüben und dabei gesund bleiben möchte. Man muss Geschichten erzählen wollen, denn darum geht es im Kern. Ich bin Schauspielerin geworden, weil ich Geschichten liebe. Mein Beruf ist anstrengend, aber er fühlt sich für mich nie wie Arbeit an, sondern erfüllend und sinnstiftend.

Dennoch ist es Arbeit und sie kann teilweise sehr herausfordernd für die Psyche sein. Ist ein Schauspieler in seiner Rolle, dann erlebt er die fremden Gefühle, Gedanken und Handlungen als sehr real.[24] Auf neurologischer Ebene passiert bei einem Schauspieler, der spielt, also Ähnliches wie bei einer realen Person, die die Dinge in echt erlebt. Eigentlich logisch: Als Schauspielerin muss ich mich in meine Rolle hineinversetzen können, ich muss fühlen, was die Figur fühlt, die gleichen Gedanken denken, und was ich in der Rolle körperlich tue, hat einen Rückkopplungseffekt auf mich selbst. Oft wird gesagt, dass Schauspieler ein geteiltes Bewusstsein hätten – ja, das stimmt. Deshalb ist hier ein Mythos über den Schauspielberuf endlich mal nicht komplett verkehrt: Man kann sich schon ein wenig in seiner Rolle verlieren, wenn sie sehr intensiv ist.

Wenn ich spiele, wird mein Selbst gedämpft. Das ist nicht so schlimm, wie es klingt. Es ist ein kontrollierter Selbstverlust: „Ich" bin noch da, aber mein Gehirnareal, das für mein „Selbst" verantwortlich ist, wird deaktiviert. Ich übernehme die Gefühle, Gedanken und Handlungen einer fremden Person, die meiner Rolle, und erlebe sie als „Ich". Mein richtiges „Ich" wird derweil zur Hintergrund-App, die diskret weiterhin steuert, denn ich muss ja den Text sprechen, die Markierung treffen, den Regieanweisungen folgen.

Aber: Schauspiel hat einen Effekt auf meine Psyche, denn ich erlebe das, was ich spiele, als real. Im Schauspiel sprechen wir von emotionalem „Nachbluten" einer Rolle, was ein paar Tage, Wochen oder sogar Monate dauern kann. Es kann sein, dass mich das, was ich in der Rolle gedacht, gefühlt und getan habe, nach der Arbeit emotional und mental berührt, auch körperliche Symptome können sich ergeben. Das ist natürlich heftig, umso wichtiger ist es, die mentale Gesundheit der Schauspieler immer im Blick zu haben.

Was macht es mit einem Schauspieler, wenn er einen Vergewaltiger spielt? Oder eine Massenmörderin? Was tun, wenn man ein Liebespaar darstellt, leidenschaftlichen Sex? Wenn zu Hause Partner und Familie auf einen warten? Verliebt man sich ein bisschen, so wie Brad Pitt und Angelina Jolie beim Dreh von *Mr. & Mrs. Smith*?

Kann passieren. Zumindest biochemisch. Der Körper reagiert reflexartig bei Küssen, Berührungen am Körper, Reibungen, Bewegungen. Schauspiel ist nicht echt, die Biochemie, also Dopamin, Oxytocin, Endorphine, schon. Der Körper produziert eine Art Verliebtheit – ob daraus eine Beziehung wird, eine „Showmance“, wie das genannt wird? Dafür braucht es mehr als körperliche Anziehung, klar. Diese Fragen miteinander auszuloten, hat bei der Arbeit nichts zu suchen. Arbeit ist Arbeit, das Private gehört dort nicht hin, und ein Schauspieler muss zwischen seiner Rolle und sich selbst unterscheiden können. Wer eine Anziehung verspürt, dem rate ich, professionell zu bleiben und dem nicht nachzugehen. Wenn man ein paar Wochen nach dem Ende des Drehs immer noch Interesse am anderen Menschen hat, dann spricht nichts dagegen, sich zu daten. Beim Dreh selbst hat das nichts zu suchen.

Schutz für alle: Verletzlichkeit hat kein Geschlecht

Aus meiner Praxis kann ich sagen: Jeder fühlt sich im Bereich der Intimität verletzlich und braucht Schutz, unabhängig vom biologischen Geschlecht, von der persönlichen Sozialisierung, der gelebten Geschlechtsidentität oder der sexuellen Orientierung. Sehe ich trotzdem Unterschiede? Ja, in der Art und Weise, wie die Geschlechter mit ihrer Verletzlichkeit umgehen.

Männliche Schauspieler tendieren dazu, ihre Verletzlichkeit zu kaschieren, weil sie es so gewohnt sind. Das hat auch etwas mit den Prägungen durch Glaubenssätze und Bilder zu tun, wie ein Mann zu sein hat: stark, cool, ohne Schwäche. Und ohne Grenzen bei der Arbeit. „Ich hab kein Problem mit Sex oder mit Nacktheit, ich hab das alles im Griff.“ Hier greift der Leistungsgedanke, hier greift auch die Scham, als inkompetent oder schwach dazustehen, wenn man zugibt, dass man sich unsicher fühlt. Es greift die Angst, dass es unmännlich wirken könnte, wenn man offen zugibt, dass man Hilfe und Unterstützung braucht.

Manche Schauspieler stellen sich schützend vor ihre Kollegin, achten nur darauf, dass es ihr gut geht. Sie halten sie und wollen ihre Grenzen achten. So rücksichtsvoll und ritterlich diese Einstellung des Schauspielers ist – auch Männer haben Grenzen und müssen geschützt werden.

Im Laufe meiner Arbeit habe ich erfahren, dass männliche Darsteller sich in Wahrheit genauso verletzlich und unsicher fühlen wie Frauen. Zu Beginn einer Produktion erlebe ich manchmal von Männern einen Widerstand mir gegenüber: „Ich brauch das alles nicht, ich bin cool mit allem.“ Manchmal spüre ich auch Verwunderung, wenn ich einen männlichen Schauspieler frage: „Was brauchst du, damit es dir gut geht, wie kann ich dich unterstützen?“ Die Antwort: „Ich glaube, das hat mich noch nie jemand gefragt, seit ich Schauspieler bin.“

Wenn eine Produktion beendet ist, höre ich gerade von den Männern oft Erleichterung und Dankbarkeit, dass sich jemand um sie gekümmert hat. Gerade mit der Darstellung von Gewalt und Täterschaft wurden männliche Schauspieler früher komplett alleingelassen. Nicht wenige sagen mir heute nach Sexszenen: „Ich dachte, ich hätte überhaupt kein Problem damit, so als Mann, aber jetzt bin ich so froh, dass du dabei warst, ich würde nie wieder ohne Intimitätskoordination arbeiten.“

Und die Frauen? Statistisch ist es so, dass Schauspielerinnen häufiger nackt vor der Kamera agieren als Schauspieler, stärker betroffen sind von Grenzüberschreitungen und Machtmissbrauch in der Arbeit und gerade bei Szenen, in denen sexualisierte Gewalt dargestellt wird, überwiegend die Rolle des Opfers darstellen. Die Dynamiken der Branche machen es Frauen schwerer als Männern. Ich beobachte zwei Dinge: Es stärkt eine Schauspielerin, wenn ich als weitere Frau mit am Set bin. Nicht selten sind Drehteams komplett männlich besetzt, die Schauspielerin manchmal als einzige Frau im Raum: spärlich bekleidet oder nackt, in einem intimen Szenario mit Küssen, Ausziehen, simulierten sexuellen Handlungen. Das macht sehr verletzlich. Oft höre ich von Schauspielerinnen: „Es gibt mir Sicherheit, zu wissen, dass du da stehst und ein Auge auf mich hast." Auch Kontrolle und Klarheit stärken Frauen beim Drehen. Durch die Arbeit mit mir wissen sie genau, was in der Szene passiert, wo die Grenzen sind, welche Berührungen vorkommen, was genau wie gespielt wird. Gerade in diesem sensiblen Arbeitsbereich gilt: Wenn man weiß, was auf einen zukommt, kann man besser damit umgehen und fühlt sich sicher. Das ist für beide Geschlechter wichtig, denn erst diese Sicherheit gibt einem die nötige Freiheit im Spiel – und am Ende haben alle etwas davon, auch der Regisseur und der Film. Aber Frauen empfinden es noch einmal stärker als positiv. Das mag damit zusammenhängen, dass Frauen im Zusammenhang mit Intimität und Berührungen am eigenen Körper öfter Grenzüberschreitungen erfahren und eine körperliche Machtlosigkeit häufiger fühlen als Männer.

Jede #metoo-Geschichte ist eine zu viel. Und jede psychische Beeinträchtigung nach einem Dreh ist eine zu viel. Es geht besser, es muss besser gehen. Dass man es anders machen kann, erlebe ich jedes Mal, wenn ich als Intimitätskoordinatorin einen professionellen, empathischen Rahmen für Schauspieler schaffe, in dem sie sich sicher fühlen und gut arbeiten können.

Tantra als Übungsfeld für Verletzlichkeit

Dass Verletzlichkeit kein Geschlecht hat, sehe ich nicht nur in meiner Berufspraxis als Intimitätskoordinatorin. Ich beobachte es auch in der tantrischen Berührungsarbeit, mit der ich mich seit einigen Jahren befasse. Als ich während meines Studiums in England begann, regelmäßig Yoga zu praktizieren, begegnete mir in diesem Kontext auch zum ersten Mal das magische Wort „Tantra“.

Die meisten Menschen, die das Wort Tantra heutzutage hören, denken sofort an Marathonsex. Legenden ranken sich um endlose Ganzkörperorgasmen und eine Ekstase, die nicht von dieser Welt ist. Ich erinnere mich in diesem Zusammenhang an ein Interview mit dem britischen Musiker Sting 1990, der über das Geheimnis seines Eheglücks mit Trudie Styler sprach – und eine siebenstündige Tantra-Session erwähnte. Die Medien griffen damals dankbar zu. Bis heute hält sich der Mythos von Sexgott Sting. Der klärte 25 Jahre später auf: Nein, die sieben Stunden am Stück seien nicht nur körperliche Intimität, sondern da seien natürlich auch noch der Kinobesuch und ein Abendessen mit drin. Sting outete sich damit als Fan der tantrischen Intimität, die er als „spirituellen Akt“ beschrieb, als ein „Sakrament der Liebe“. Möge die Ehe von Trudie und Sting noch lange tantrisch glücklich sein!

Ähnlich wie das Kamasutra reduzieren wir auch Tantra aus unserem westlichen Blickwinkel auf Erotik und Sex. Wie schade! Es wird gleichgesetzt mit Slow Sex, mit Verlangsamung der Lust, mit Sich-Zeit-Nehmen durch ein Vorspiel und mit achtsamen Berührungen. Sex, vermischt mit etwas Spiritualität und eventuell ein paar Atemübungen für intensivere Orgasmen. Fertig ist die vermeintlich einfache Lösung für alle möglichen Probleme unserer Zeit

Aber was ist Tantra wirklich? Kurz und knapp formuliert: Es gibt *zwei* Tantras.

Das „alte“ Tantra kommt so wie das Kamasutra aus den altindischen Sanskrit-Texten, es steht im Kontext von Hinduismus und Buddhismus.[25] Es ist eine Sammlung von Betrachtungen und Praktiken mit dem Ziel, das eigene Leben mit Blick auf Spiritualität und Erlösung auszurichten. Eine wichtige alte Tantra-Praxis kennen wir noch heute: Yoga.

Yoga ist eine tantrische Lebensphilosophie und enthält neben den auch bei uns bekannten Bewegungsfolgen (Asanas) auch Atemübungen (Pranayama), Meditationen und rituelle Gesänge (Mantras). Das Ziel des Yoga, das Ziel von Tantra ist es, Körper, Geist und Seele des Menschen zu disziplinieren, in Einklang zu bringen und zu befreien. Viele von uns machen heute Achtsamkeitstrainings, entdecken in der Hektik unserer Zeit Meditations- und Atemtechniken für sich – Yoga ist quasi das Original solcher Techniken.

Das alte Tantra ist spirituell: Es sieht den Menschen und alles Irdische als Ausdruck des Göttlichen. Auch wenn sich bei uns im Westen vor allem das körperbetonte Yoga etablierte und wir weniger Fokus auf Meditation, Visualisierungsübungen und Atemtechniken legen: Wer heute Yoga praktiziert, praktiziert Tantra. Wenn wir regelmäßig Yoga machen, dann lernen wir, tief und bewusst zu atmen, unseren Atem mit unseren Bewegungen fließen zu lassen und dadurch in Zustände von tiefer, klarer Entspannung zu kommen. Manche nennen das „Flow". Unsere Gedanken beruhigen sich, das Ego wird gedämpft, wir werden innerlich freier, gelassener und erleben uns mehr im Einklang mit uns selbst und der Welt. Was hat das mit Intimität zu tun? Eine Menge. Yoga und Tantra sind Praktiken zur Selbsterfahrung und damit zur Selbstempathie, zur Entwicklung von Selbstwirksamkeit und Selbstakzeptanz. Sie sind fantastische Techniken für Intimität mit sich selbst.

Wo kommt nun der Tantra-Sex her? Und der Mythos von den gigantischen Orgasmen?

Im alten Tantra war Sex nur am Rande Thema, sexuelle Praktiken kommen in den tantrischen Schriften kaum vor. Aber im Tantra und im Yoga wird eine Lebensenergie in unseren Körpern beschrieben, die zusammengerollt an unserem Steißbein sitzt und die unserer sexuellen Energie entspricht: Kundalini. Wer schon einmal Kundalini-Yoga ausprobiert hat, kennt sie. Auch Menschen, die mit asiatischen Konzepten vertraut sind wie dem Qigong oder der Akupunktur, kennen das Konzept dieser Energie, dort nennt man sie Qi (Chi).

Bei uns gibt es die etwas trocken klingende Beckenbodengymnastik – aber genau da sitzt die Kundalini, bei Frauen und Männern. Du willst intensivere Orgasmen? Dann trainiere deine Beckenbodenmuskulatur! Was bei uns eine fast schon unerotische Technikübung ist, rhythmisch atmend den Beckenboden zu bewegen, ist ein ganz alter, tantrischer Yoga-Hut – hier setzt das „neue" Tantra an.

„Neo-Tantra", wie es genannt wird, entstand im Laufe des 20. Jahrhunderts im Westen – es ist also keine indische Erfindung. Die Neo-Tantristen adaptierten bestimmte Gedanken und Praktiken des alten Tantra für einen neuen, spirituellen und bewussten Zugang zu Sexualität und Erotik. Hieraus entwickelte sich der Gedanke der „heiligen Sexualität": der tantrische Gedanke, dass auch Sexualität ein Akt der Verbindung zwischen dem Weltlichen und dem Göttlichen ist und die gemeinsame Intimität nicht nur tiefe Verbundenheit miteinander eröffnet, sondern auch die gemeinsame Verbundenheit mit dem Göttlichen – eine körperliche Meditation zu zweit, wenn man so will. Auch die Riten des alten Tantra fanden im Neo-Tantra einen Ausdruck, in Form der Tantra-Massage, die einem ritualisierten Ablauf folgt. Auch die tantrische Intimität mit einem Partner kann rituellen Charakter annehmen und bestimmten Abläufen folgen. Viele Atemtechniken des Neo-Tantra entspringen dem Yoga.

Und der vielleicht wichtigste „technische" Aspekt, der den Mythos von Tantra-Sex begründet, ist im Kern eine Yoga-Praxis: das bewusste Manipulieren, Bewegen und Steuern der sexuellen Energie im eigenen Körper. Das hat nichts Mystisches oder Nebulöses, es ist eine konkrete Form von Körperbeherrschung im Verbund mit Atmung, Fühlen und Meditation. Wer Yoga macht oder regelmäßig meditiert, kennt das Zusammenspiel: Wir lernen und üben im Tantra,

Kundalini, die in unserem Unterleib zusammengerollte sexuelle Lebenskraft, durch Atmung und Bewegung an unserer Wirbelsäule entlang „hochzupumpen". Das alte Tantra bewegt die Kundalini allein durch Meditation, Atmung und Vorstellungskraft. Das Neo-Tantra bewegt Kundalini durch Berührung, körperliche Intimität, Atmung und Bewegung.

Und das ist das große Geheimnis von Tantra und seinen sagenumwobenen Energie-Orgasmen: Durch Übung, Fühlen und Bewusstsein kann man lernen, sexuelle Energie zu generieren, zu vergrößern und sie tatsächlich durch den Körper zu bewegen. Der Flow, der hierbei entsteht, ist ähnlich dem bei Meditation und Yoga: Man erlebt tiefe Entspannung und Bewusstseinserweiterung und gleichzeitig ganzheitliche sexuelle Befriedigung durch das bewusste Steuern der Kundalini-Energie, die man, mit Übung, tatsächlich so lange oder kurz „surfen" kann, wie man möchte, durch den gesamten Körper und sogar über die Stirn verbunden mit dem Außen. Daher kommt der Mythos endloser Höhepunkte im Tantra.

Was das tantrische Erleben von Lust aber in Wahrheit bedeutet: sexuelle Befreiung. Wir werden frei von der Sucht nach dem nächsten Turbo-Orgasmus, nach dem nächsten High. Das, was wir Orgasmus nennen und was für viele eine kurze, starke Druckentladung in Form der Kontraktionen im Unterleib und des Dopaminkicks im Gehirn ist, deren positive Effekte nur kurzzeitig anhalten, ist im Neo-Tantra eine Energie, die ich steuern und surfen kann. Ich steuere meine sexuelle Energie, nicht sie steuert mich. Und wenn ich die Energie langsam wieder herunterfahre, fühle ich mich nicht erschöpf wie nach einem schnellen, starken

Orgasmus, und ich brauche auch nicht sofort den nächsten Kick. Die in achtsamer Tantra-Praxis bewegte sexuelle Energie erfüllt und nährt. Darin liegt die große Freiheit des Tantra.

Die meisten Menschen, die Tantra ausprobieren, sind neugierig auf die bekannte Tantra-Massage, eine Ganzkörpermassage, die unbekleidet empfangen wird und bei der, nach Rücksprache, auch der Intimbereich massiert werden kann. Es ist eine feine, fürsorgliche Berührungspraxis, die einen sinnvollen Einstieg in tantrische Berührungsarbeit bietet. Tantra-Massage ist eine tolle Möglichkeit für Selbstintimität und Selbstakzeptanz: ein geschützter Raum, um Berührung zu empfangen, Kontakt mit sich selbst aufzunehmen, ins Fühlen zu kommen und sich verletzlich zu zeigen. Wir lernen in der Massage, tief zu atmen, uns im Fluss der Massagestriche zu bewegen, die Kundalini-Energie durch unseren Körper zu bewegen und uns dabei tief zu entspannen. Wundervoll! Diese Form der Berührung gemeinsam zu praktizieren und durch weitere tantrische Praktiken zu ergänzen, ist ein wunderbarer Weg für Paare zu mehr Zärtlichkeit, Bewusstheit und Intimität.

Die Tantra-Massage ist weder eine Sex-Massage noch eine Erotik-Massage noch agiert sie im Register des Sexuellen; sie zielt nicht ab auf sexuelle Stimulation oder einen Orgasmus. Leider sind nicht alle Anbieter von Tantra-Massagen oder sogenannten Tantra-Seminaren in diesem Bereich seriös, denn der Begriff ist nicht geschützt. So manche „Tantra-Lehrer“ leben den fehlgeleiteten Eros der 68er aus, nennen es aber Tantra, weil das cooler oder seriöser klingt und sich dadurch vor allem viel Geld machen lässt.

Wer Tantra als Erotik und tollen Sex verkauft, ist nicht seriös. Und es ist auch kein Tantra.

Tantra ist *absichtslos*. Das ist das Schlüsselwort. Die Berührung im Rahmen einer Tantra-Massage ist immer absichtslos. So wie Meditation absichtslos ist. Die sexuelle Energie, die freigesetzt und bewegt wird, ist absichtslos. Sie unterliegt keinen Erregungskurven, sondern ist entspannt und frei.

Hilft uns Tantra, Intimität anders, neu zu betrachten? Absolut. Tantra fördert und stärkt Verletzlichkeit, Selbstakzeptanz, Empathie, den Kontakt mit unseren Gefühlen und ein neues Fühlen unseres Körpers. Wenn wir uns auf tantrische Intimitätspraxis einlassen, können wir lernen, auf eine neue Art in Verbindung zu einem anderen Menschen zu treten. Und das gilt sowohl für denjenigen, der die Berührung spendet, als auch für den, der sie empfängt. Lässt man sich auf Tantra wirklich ein, kann man eine sehr tiefe, erfüllende Intimität und Verbindung spüren. Mit sich selbst und mit dem anderen.

Ich werde nie dieses Vorgespräch vergessen, das ich einmal vor einer Tantra-Massage führte. Der Mann, der vor mir saß, war ein Hüne: groß, durchtrainiert, attraktiv. Ein „Bild von einem Mann“, Marke Herzensbrecher, der ohne Zweifel die Aufmerksamkeit von Frauen wie Männern auf sich zieht und sein Leben im Griff hat. Umso erstaunter war ich, wie mir dieser coole Typ in unserem geschützten, vertraulichen Gesprächsrahmen sehr ehrlich erzählte, wie es eigentlich in ihm aussah: Er fühle sich oft sehr unsicher mit Frauen, kämpfe ständig mit seiner Angst, zurückgewiesen zu werden, nicht gut genug zu sein, nicht genug

Leistung zu bringen, nicht akzeptiert zu werden, so wie er ist. Als ich ihn fragte, was er sich in der Tantra-Massage wünschen würde, antwortete er komplett ehrlich: „Das Schönste wäre für mich, wenn du mich einfach nur halten könntest." Ich war ein wenig baff. Er erklärte weiter, dass er es schön finden würde, wenn ich seine Hand in meinem Schoß halten würde und wenn er seinen Kopf in meinen Händen ablegen dürfe. Auch wenn ich mir damals natürlich nichts anmerken ließ, so war ich doch etwas überrascht. Nicht weil diese tiefe Sehnsucht des Mannes ungewöhnlich war, im Gegenteil. Der Wunsch, gehalten zu werden, ist der am häufigsten geäußerte Wunsch von Menschen, den ich in der Praxis höre. Und in diesem vertrauensvollen Rahmen sicher gehalten zu werden, kann eine sehr berührende und heilende Erfahrung sein.

Aber es machte mich etwas baff, weil dieser objektiv betrachtet sehr attraktive, maskulin und dominant wirkende Mann sich so ehrlich verletzlich mit mir machte und seine Ängste teilte. Wie heißt es so schön: Don't judge a book by its cover. Man sollte einen Menschen nicht nach seinem Äußeren bewerten. Wir wissen nie, was in unserem Gegenüber wirklich vor sich geht, welche Ängste, welche Sorgen dort versteckt sind – deshalb sollten wir immer fragen. Und manchmal wird uns die Antwort überraschen.

Auch für Frauen ist das Gehaltenwerden eine wichtige und heilsame Erfahrung – sie erleben die Tantra-Massage als fürsorglich und beruhigend, lernen, ihren Körper zu fühlen und anzunehmen. Nicht selten fließen bei der Tantra-Massage Tränen der Erleichterung.

Unsere Verletzlichkeit macht uns zu Menschen, ebenso wie unser Bedürfnis nach Intimität, Berührung und nach dem sicheren Hafen im intimen Kontakt. Zu oft erlauben wir uns diese Bedürftigkeit nicht, sondern halten sie zurück, verstecken sie, tun so, als wäre alles okay, panzern uns innerlich. Aber genau an diesen Ort in uns selbst, hinter der Schutzmauer, da wo „intim(us)" ansetzt – da müssen wir ran.

Ungeschützt: *Wenn die Gondeln Trauer tragen*

Eine der besten Sexszenen der Filmgeschichte besticht durch ihre Verletzlichkeit. In dem psychologischen Horrorfilm *Wenn die Gondeln Trauer tragen* (1973) spielen Julie Christie und Donald Sutherland das englische Ehepaar Laura und John. Sie trauern um ihre Tochter Christine, die bei einem tragischen Unfall in der Nähe des Elternhauses ertrunken ist. Um sich abzulenken, reisen die beiden nach Venedig, wo John einen Job als Restaurateur annimmt – doch in Venedig holt sie der Geist ihrer Tochter immer wieder ein.

Die Sexszene ist eine Montage, in der wir John und Laura abwechselnd in ihrem Alltag und beim Liebesakt sehen. Die beiden wollen essen gehen und machen sich für den Abend fertig, wir beobachten sie fast beiläufig: Laura schminkt sich, John bindet sich die Krawatte. Jeder ist allein mit sich, mit seinen Gedanken und Gefühlen – bereits hier erzählt sich eine Intimität der Figuren mit sich selbst, eine Verletzlichkeit. Diese alltäglichen Gesten werden immer wieder unterbrochen von Bildern des Liebesaktes. John und Laura sind kein frisch verliebtes junges Paar mehr. Sie stehen in der Lebensmitte, sind seit Langem verheiratet und miteinander vertraut – und sie haben vor Kurzem ihr Kind verloren. In diesem tragischen Kontext sehen wir sie nackt und ungeschützt, küssend, liebkosend, körperlich ruhig, fast vorsichtig. Ihre Körperlichkeit, ihre Blicke erzählen neben starker Sinnlichkeit und Erotik eine große Zerbrechlichkeit, eine Ehrlichkeit und Ungeschütztheit. Vor dem Hintergrund ihrer Trauer als Eltern *sehen* und *berühren* sich John und Laura neu, finden zueinander. Momente des Sich-aneinander-Klammerns, des Haltsuchens miteinander. Wir fühlen mit ihnen in diesem Moment.

Ein wichtiges Detail: Wir hören keine Tonspur. Die Szene ist zu sanfter, melancholischer Musik geschnitten. Kein Stöhnen, kein Atmen, keine Worte. Dadurch kann sich der Zuschauer komplett auf die Blicke und Berührungen von John und Laura konzentrieren, auf ihren stillen Dialog und auf ihre Verletzlichkeit, die keine Worte braucht.

Es ist eine zutiefst menschliche Szene, die berührt. Und sie sorgte bei der Premiere des Films für einen Skandal. Der Film erhielt die höchste Altersfreigabe, Julie Christies damaliger Partner Warren Beatty soll vor Eifersucht nach London geflogen sein und vom Regisseur Nicolas Roeg verlangt haben, diese Szene aus dem Film herauszuschneiden. So manche Google-Suche fragt, ob Donald Sutherland und Julie Christie in echt miteinander geschlafen haben. Ein Mythos, der sich hartnäckig hält. Die Antwort ist Nein, und das haben alle Beteiligten auch immer so artikuliert. Donald Sutherland beschreibt in einem Interview sehr eindrücklich, dass die Szene mit zwei Arriflex-Kameras gedreht wurde, die nur kurze Takes von 15 Sekunden aufnehmen konnten und dabei einen „Höllenlärm" machten.[26] Das war auch der Grund, warum die Szene ohne

Tonspur aufgenommen und zur Musik geschnitten wurde. Was sie jedoch so brillant macht, ist ihre glaubwürdige Intimität. Hier sind zwei Menschen unglaublich ehrlich, verletzlich und emotional nackt miteinander. Für mich gehören sie zu den berührendsten Bildern filmischer Intimität.

HINTERFRAGEN UND NEU DENKEN: WIE SIEHT DEINE INTIMITÄTSLANDKARTE AUS?

Du merkst schon: Unsere Intimität ist nicht nur ein spannendes, sondern auch ein facettenreiches Thema – das in die Tiefe, in unseren Kern geht. Die Landkarte von Intimität sollten wir uns genau anschauen, denn wenn wir sie für uns verstehen, dann können wir sie auch bewusster, erfüllender für uns gestalten. Vielleicht hattest du beim Lesen dieses ersten Teils bestimmte Bilder und Assoziationen im Kopf? Wie sieht deine persönliche Landkarte von Intimität aus? Was gehört für dich dazu, was nicht? Wie hast du Intimität gelernt, als junger Mensch? Und später, in deinem Erwachsenenleben? Welchen Platz haben für dich Verletzlichkeit und Empathie, generell in deinem Leben und in deinem Erleben von Intimität? Welchen Platz hat die emotionale Intimität? Die körperliche Intimität? Wie definierst du für dich Nähe, Vertrautheit, Geborgenheit? Was macht dich glücklich in deiner Intimität? Was würdest du dir noch wünschen? Nutze für dein Nachdenken über diese Fragen gern die Illustration in der Innenklappe. Auch dies ist eine kleine, feine Übung in (Selbst-)Intimität.

Im nächsten Teil werfen wir einen konkreten Blick auf die medialen Bilder von Intimität – denn auch sie befinden sich auf unserer Landkarte und wirken auf das Verständnis und Erleben von Intimität: die zahlreichen Bilder, Skripte und Szenarien von Liebe, Lust, Romantik, Nacktheit und Leidenschaft. Aber was erzählen uns diese Bilder eigentlich wirklich? Und wie beeinflussen diese Filme in unserem Kopf das Erleben von Intimität?

TEIL II

Ver stehen

DIE BILDER, DIE WIR FÜHLEN

Ich erzähle, also bin ich. So griffig und knapp kann man zusammenfassen, warum wir Menschen Geschichten brauchen, sie gerne hören oder lesen und weiter in die Welt hinaustragen. In unserer modernen Mediengesellschaft erleben wir unsere Geschichten als Bilder auf der großen Leinwand oder gemütlich zu Hause am Bildschirm. Menschen sind die geborenen Geschichtenerzähler, und zwar durch alle Sprachen, Epochen und Kulturen hindurch. Warum wir Geschichten erzählen? Weil unsere Gehirne Muster brauchen, damit wir die Dinge verstehen und sie für uns einen Sinn erzeugen. Wir suchen und erkennen Muster in der Natur, die bestimmten Regeln und Gesetzen folgt, wie der Kreislauf aus Geburt, Leben und Tod. Auch unsere Geschichten folgen Mustern, eine bekannte Grundstruktur von Mythen und Geschichten weltweit ist die „Heldenreise".[27]

Durch unsere Geschichten versuchen wir, das Leben zu verstehen, wir verleihen uns selbst und der Welt um uns herum einen Sinn. Wir alle erinnern uns an die ersten Geschichten, die uns in der Kindheit begeisterten, unsere frühen Helden, die wir toll fanden, die uns Vorbilder waren, uns Dinge beibrachten, uns beim Erwachsenwerden halfen und begleiteten. Den frühen Geschichten, die uns vorgelesen werden, folgen die selbst erlesenen Bücherwelten, später – mittlerweile zeitgleich – kommen die Bewegtbilder hinzu. Wir entdecken in ihnen komplette Welten und Helden, von Harry Potter bis zu Marvel.

Es lohnt sich, wieder einmal einen Blick auf die prägenden Bilderwelten unserer Kindheit zu werfen, wenn man sich mit Intimität befassen möchte. Denn es geht dabei auch darum, uns die für uns unbewussten Prägungen und Annahmen bewusst zu machen, das, was uns auf den ersten Blick selbstverständlich und nicht der Rede wert erscheint. Genau diese unbewussten Muster sollten wir reflektieren, denn gerade unsere Geschichten von Liebe, Nähe und Intimität wirken in uns.

Das Erleben von Geschichten, die Intimität erzählen, kann sich für uns sehr intim anfühlen, im doppelten Sinn: Denn Bilder berühren uns emotional, sie sprechen unsere Sehnsucht nach Verbindung an, schulen unser Verständnis, ermöglichen uns selbst, Verletzlichkeit zu erfahren. Und wir erleben Darstellungen von körperlicher Intimität, fühlen mit, verstehen, erkennen uns in diesen Geschichten wieder – oder vielleicht nicht. Wenn wir die unterschiedlichen filmischen Ausdrucksformen und Spielarten von intimen Momenten bewusster betrachten, dann können wir Intimität nicht nur hinterfragen und neu denken, sondern unsere Prägungen bezüglich Intimität auch besser verstehen, um sie bewusster und reflektierter zu gestalten.

MEDIENBILDER: VERLETZLICHKEIT IM GESCHÜTZTEN RAUM

Geschichten in Filmen zu sehen, erfüllt zwei Kernfunktionen: Sie ermöglichen uns Katharsis, also die Reinigung von bestimmten Affekten, und sie sind für uns ein sicherer Lernraum, in dem wir Aspekte von uns selbst und von der Welt erfahren, Themen durchdenken, aufschließen, verstehen und mit unserem eigenen Leben abgleichen können. Sie sind ein sicherer Raum, um Verletzlichkeit zuzulassen.

Eine wesentliche Theorie zu diesem Thema, die auch heute noch, nach über 2000 Jahren, Gültigkeit hat, hat Aristoteles aufgestellt: „Die Tragödie ist Nachahmung einer Handlung, die Jammer und Schaudern hervorruft und hierdurch eine Reinigung von derartigen Erregungszuständen bewirkt." So beschreibt Aristoteles als Katharsis, wie wir als Zuschauer „aus der sicheren Distanz" heraus das Drama einer Geschichte erleben können.[28] Bei uns selbst werden dadurch Gefühle und Gedanken aktiviert, wir lachen, weinen, fürchten uns und „reinigen" dadurch unsere eigenen Gefühlszustände. Wir haben es alle schon mal in einem besonders packenden Film erlebt, bei dem wir seelisch komplett mitgegangen sind: Wir identifizieren uns mit den Figuren und erleben die Handlung manchmal so, als wären wir selbst dabei. Manchmal ist es die Tiefe der Gefühle auf der Leinwand, manchmal ist es auch die Bildgewalt eines Action-Blockbusters, die uns in den Sessel drückt und uns den Atem verschlägt.

Katharsis ist Seelenhygiene für uns selbst: Es tut gut, sie allein zu erleben, aber genauso kann das Erleben von Geschichten auch ein Moment von Verbindung mit anderen Menschen sein. Wenn wir in einem vollen Kinosaal sitzen, dann sitzen wir zwar auf eine gewisse Art und Weise für uns allein in unserem großen Kinosessel, aber wir erleben die Geschichte mit anderen Menschen, die gerade genauso gebannt auf die Leinwand schauen wie wir selbst. Das lässt einen sehr spannenden, dunklen Raum von Gemeinschaft entstehen: Jeder von uns erlebt den Film anders und fühlt anders, aber wir fühlen und erleben auch gemeinsam im Kinosaal.

Ein moderner Klassiker des französischen Kinos, *Die fabelhafte Welt der Amélie* (2001), hat dieser gemeinschaftlichen Katharsis und der Magie im dunklen Kinosaal ein Denkmal gesetzt: „Ich mag es, mich im Dunkeln umzudrehen und die Gesichter der anderen Zuschauer zu betrachten", erzählt uns die charmante Heldin Amélie, während sie im Kino sitzt, und wir drehen uns mit ihr um und lesen mit ihr die Freude auf den Gesichtern der anderen Zuschauer.

Welche Geschichten und Bilder uns besonders stark berühren, ist natürlich individuell verschieden: Ich musste selten so weinen wie bei dem Tierfilm *Hachiko – Eine wunderbare Freundschaft* (2009), der auf einer wahren Geschichte beruht. Der hierzulande nicht sehr bekannte Film erzählt die Geschichte eines japanischen Hundes, der sein Herrchen, den Musikprofessor Parker Wilson (Richard Gere), jeden Morgen zum Bahnhof begleitet und ihn dort abends wieder erwartet. Als Parker plötzlich stirbt, geht der Hund trotzdem jeden Tag zum Bahnhof und wartet zehn Jahre lang, in der Hoffnung, dass er doch noch eines Tages zurückkehrt. Während ich diese Zeilen schreibe, kommen mir die Tränen, so rührend und stark sind die Bilder in meinem Kopf, die Liebe und Treue eines Hundes zu seinem Menschen. Diese Bilder haben sich bis heute nicht in meinem Gedächtnis abgenutzt, und so traurig ein Film machen kann – es sind Tränen, die wir in einem sicheren Raum weinen können, die gut tun: Katharsis.

Medienbilder berühren uns in einem geschützten Raum: glaubwürdig, ja. Echt: nein. Das ist die Magie unserer Narrative, denn auch wenn Bilder uns tief berühren können, in uns körperliche und emotionale Reaktionen hervorrufen können, so verstehen wir, dass sie nicht echt sind. Gleichzeitig akzeptieren wir diese fiktionalen Welten, validieren sie, tauchen in sie ein. Wir können uns über sie selbst besser verstehen, aber uns gleichzeitig auch distanzieren. Und wir müssen sie nicht nachahmen: Wenn wir extreme Gefühle oder Handlungen auf der Leinwand sehen, dann fühlen wir mit, ohne dass wir selbst das Verlangen spüren, Ähnliches privat zu erleben. Ein Blick auf unser Krimiland Deutschland erzählt uns, dass Mord und Totschlag beliebte Themen sind, manche sagen: Der Krimi ist *das* Genre im deutschen Fernsehen. Wir schauen gerne spannende Filme, aber deswegen verüben wir im Alltag weder Verbrechen noch klären wir sie auf.

Neue wissenschaftliche Beweise für alte Konstrukte

Was Aristoteles als Katharsis beschrieb, konnte vor einigen Jahren innerhalb der Neurologie auch wissenschaftlich beschrieben werden: Es ist das, was wir Empathie(-vermögen) nennen und was wir als soziale Wesen brauchen, damit wir uns entwickeln können und damit unsere Verbindung zu anderen Menschen funktionieren kann.

Empathie und Katharsis werden im menschlichen Gehirn durch ein Zusammenspiel verschiedener Areale und neuronaler Netzwerke möglich, welche in der Forschung als „Theory of Mind“ bezeichnet werden und unsere Grundeigenschaft als soziale Wesen bedingen: Wir besitzen zum einen bestimmte Nervenzellen, die Spiegelneuronen, die erstmals 2006 durch eine neurowissenschaftliche Forschungsgruppe beschrieben wurden.[29] Die Spiegelneuronen ermöglichen uns, Handlungen eines anderen Menschen zu lesen und zu spiegeln. Ein bekanntes Beispiel: Wenn mein Gegenüber gähnt, dann gähne ich auch. Aber auch Lachen kann sehr ansteckend sein! In der Entwicklungspsychologie spricht man auch von „Gefühlsansteckung".[30] Wir Menschen imitieren einander dank der Spiegelneuronen, und wir lernen Menschsein voneinander: Schon Babys lernen durch Nachahmen, durch das Spiegeln dessen, was sie beobachten. Grundlegende Fertigkeiten, wie unser Spracherwerb, Lesen- und Schreibenlernen, sind klassische Beispiele dafür, wie unser Gehirn durch Beobachten von Mustern, durch Nachahmen, Ausprobieren und Korrigiertwerden Kenntnisse erwirbt, diese strukturiert und nach und nach für sich sinnvoll ordnet. Auch Erwachsene lernen auf diese Weise, sei es eine neue Sportart oder eine Fremdsprache.

Die Spiegelneuronen allein ergeben noch kein Empathievermögen, aber sie sind neuronale Leitungen, die uns ermöglichen, in unseren Gehirnen ähnliche Emotionen herzustellen wie diejenigen, die wir aus unserem Gegenüber lesen können: Freude, Trauer, Angst. Wir verstehen die Gedanken, Gefühle und Zustände eines anderen Menschen, indem wir sie in uns selber nachbilden und -fühlen.[31] Hier beginnt der Empathie-„Muskel", den die Wissenschaft im präfrontalen Kortex verortet, der Ebene im Gehirn, in der unser emotional-soziales Lernen stattfindet und in der sich unsere sozial relevanten Persönlichkeitsmerkmale herausbilden. Dort sitzen auch unsere Fähigkeit, zu lieben, oder unsere moralischen Wertvorstellungen.[32] Dieses beeindruckende soziale neuronale Netzwerk ermöglicht es uns, Mitgefühl zu empfinden und auszudrücken. Und auch in dieser Mitmenschlichkeit kann Katharsis erfolgen, wenn wir aktiv Trost spenden, einem anderen Menschen Verständnis und Fürsorge entgegenbringen. Wenn wir uns kümmern, einander in den Arm nehmen, Mut machen, Unterstützung anbieten oder einem anderen Menschen einfach zuhören. Wir sind „emotional involviert".[33]

Unsere Empathiefähigkeit bildet sich früh aus als Teil der persönlichen und sozialen Entwicklung: Babys und Kinder lernen durch Beobachten und Imitieren, und schon Kinder entwickeln Mitgefühl, können Trost und Fürsorge spenden. Und Geschichten sehr emotional miterleben! Denn gerade Kinder haben eine bezaubernde Fantasie, sie können sich richtiggehend in ihre Geschichten und Fantasiewelten hineinbeamen und mitgehen; die kindliche Fantasie, das Lernen, Erleben und Fühlen durch Geschichten, ist ein wichtiger Aspekt in der Entwicklung, um die eigenen Gefühle zu regulieren, sich selbst besser zu verstehen und die Welt um sich herum.

In diesem sicheren Lernraum unserer Geschichten begegnen uns in unserem Leben auch schon früh Bilder von Intimität: Bilder von Freundschaft, Vertrautheit, von Romantik und Liebe. Und später lernen wir Geschichten über Beziehungen kennen, über tiefe Gefühle, über Sex. In den medialen Bildern von Intimität werden wir doppelt berührt: in unserem Bedürfnis nach Katharsis und in unserem Bedürfnis nach Verbundenheit zu anderen Menschen – sie geben der Intimität einen ganz konkreten Ausdruck.

LIEBE MADE IN HOLLYWOOD: MEDIALE PRÄGUNG VON INTIMITÄT

Als Intimitätskoordinatorin werde ich auch privat oft in Gespräche verwickelt, in denen es um das Thema „intime Szenen“ in Film und Fernsehen geht. In diesen Gesprächen kommen vor allem zwei Dinge immer wieder vor: Ich bemerke, wie groß generell das Bedürfnis bei Frauen wie bei Männern ist, über Intimität zu sprechen. Und dabei geht es zwar auch um Sex, aber wenn ich dann nachfasse, geht es vor allem um das Bedürfnis nach emotionaler Nähe und Geborgenheit. Zum anderen erinnert sich fast jeder Gesprächspartner an den Moment in der Kindheit oder Jugend, in dem man zum ersten Mal einen Kuss oder eine Sexszene im Film oder Fernsehen gesehen hat. Oft war dieser Moment mit Scham oder einem Gefühl von Peinlichkeit verbunden.

Manchmal höre ich im Gespräch: „Ich finde ja viele Sexszenen nicht gut gemacht, irgendwie sind sie unrealistisch, und man fragt sich, warum steht so eine Szene überhaupt im Drehbuch?“ Das frage ich mich auch, insbesondere bei angeblich „heißen“ Sexszenen, die mir, wenn ich genau hinschaue, nichts erzählen. So geht es mir zum Beispiel mit der Filmreihe *Fifty Shades of Grey* oder bei Nacktheit, die nur um der Nacktheit willen gezeigt wird, wie in der Fantasy-Serie *Game of Thrones*. Gerade bei intimen Szenen wird meist wenig geredet, sodass auch ein kluger oder witziger Dialog hier nichts retten könnte. Das ist schade – denn was bringen uns leere Bilder, die uns emotional nicht nähren? Und wie prägen uns solche Bilder?

Noch bevor wir selbst Intimität erleben, den ersten Kuss, das erste Mal, haben wir in der Regel schon Bilder von intimen Szenen gesehen, wir kennen die narrativen Muster von Liebesgeschichten. Wie die körperlichen Abläufe funktionieren, darüber wurden wir im Idealfall aufgeklärt, die Abläufe selbst erleben wir bewusst wahrnehmend meist in den medialen Bildern. Dies ist ein sicherer Raum, hier gleichen wir die Bilder mit unserer eigenen beginnenden Sexualität ab, mit unseren ersten Küssen, mit unserer gelebten Intimität, und entwickeln, unbewusst, unser persönliches Drehbuch von Liebe und Sex für unser Leben.

Wie wichtig es ist, welche Bilder das sind, die uns da prägen, merken wir, wenn wir sie genauer unter die Lupe nehmen. Wenn ich in Gesprächen die Frage stelle „Was ist denn dein Lieblingsfilm, der für dich besonders gut Intimität erzählt?“, dann werden oft Filme genannt, die stereotype Bilder von Liebe oder Romantik wiedergeben. Entweder wird uns Liebe als Happy End durch den sehnsüchtig erwarteten Kuss verkauft, oder uns wird die Tragik der Liebe geschildert, als intensives Gefühl, das keine oder nur kurze Erfüllung finden darf.

Die magische Anziehung zweier Menschen, die Chemie, die akute Verliebtheit, das unerklärliche und plötzlich sich entzündende Band, die Liebe auf den ersten Blick wird so wie in Popsongs auch im Film als Urkraft erzählt, aus der sich alles andere von selbst ergibt. Wir lieben diese großen Gefühle, und die Filmhistorie mit ihren Top-10-Listen ist voll von biochemischen Feuerwerken: *Titanic* (1997) ist meist ganz vorne mit dabei, Filmklassiker wie *Casablanca* (1942) oder *Vom Winde verweht* (1939), die Meg-Ryan-Klassiker

Harry und Sally (1989) oder *Schlaflos in Seattle* (1993), moderne Literaturverfilmungen wie *Romeo + Julia* (1996), *Brokeback Mountain* (2005) oder *Call Me By Your Name* (2017). Alle diese Filme sind sehenswert – aber es geht hier um Liebe, Begehren, Leidenschaft, nicht um Intimität.

Manche dieser Filme erzählen berührende Geschichten von Liebe, die sich, als Gefühl von Verliebtheit, als biochemische Anziehung, als grundlegende Sympathie verzahnen kann mit echter Intimität: also mit der Entwicklung und dem Erleben von emotionaler und geistiger Verbindung, von Verletzlichkeit, Berührung und Nähe zwischen den Figuren. Aber das ist nicht immer der Fall, und hierin liegt, berechtigterweise, auch ein Kritikpunkt am Genre des romantischen Films, der Gefahr läuft, unrealistische Szenarien von Liebe oder Beziehung zu zeigen. Für manche Filme stimmt das auch, aber nicht für alle, und man darf ein filmisches Genre genauso wenig verallgemeinern wie das menschliche Bedürfnis nach Liebe. Hier müssen wir als Medienkonsumenten aber genau auf unsere Bilder schauen und differenzieren.

Titanic: Fantasievorstellungen von Intimität erkennen

Die Idee, mit *Titanic* eine Liebesgeschichte innerhalb eines Katastrophenszenarios zu erzählen, von dem wir alle aus der Geschichte wissen, wie die Sache ausgehen wird – ein kluger Schachzug von Regisseur James Cameron, um uns von Anfang an bangen zu lassen um die beiden Menschen, die sich da verlieben. Wie intim kann es werden, bevor der Eisberg auftaucht?

Die Liebesgeschichte von Jack (Leonardo DiCaprio) und Rose (Kate Winslet) ist das klassische Narrativ der unmöglichen Liebe über soziale Grenzen hinweg: Der Lebenskünstler Jack sieht die wohlsituierte, verlobte Rose und verliebt sich sofort. Er rettet sie, bevor sie sich umbringen kann, wirbt um sie, kämpft um sie, bis sie Ja zu ihren Gefühlen sagt – dann sinkt die Titanic und die Liebe stirbt, bevor sie richtig begonnen hat – auch wenn der Titelsong des Films, *My Heart Will Go On*, sehr romantisch ausdrückt, dass die Liebe im Herzen ewig weiterleben wird.

Titanic enthält einige oft kommentierte intime Szenen, etwa den Beginn der Liebe durch den symbolischen ersten Kuss im Abendrot am Bug des Schiffes, das in die Nacht und auf sein Ende zufährt, sowie die bekannte Sexszene auf dem Rücksitz eines Autos. Sie ist überraschend unerotisch und wirkt heute fast etwas hölzern. Die beiden sind verknallt, aber es fehlt eine genuine, emotionale Nähe und Verletzlichkeit. Was wir sehen: eine Hand, die gegen eine beschlagene Autoscheibe schlägt und an ihr herunterwischt. Wir verstehen, was passiert ist, aber es wirkt unsinnlich und fast unfreiwillig komisch.

Aber ich will *Titanic* nicht unrecht tun: Er ist ein Klassiker des Katastrophen-Kinos, und ich war und bin von den Bildern beeindruckt. Und auch zwischen Rose und Jack gibt es intime Momente, die viel besser als die Sexszene die eigentliche Nähe und Verbindung ausdrücken: Rose bittet Jack, sie nackt zu zeichnen. Es ist ein ruhiger Moment, der über Blicke und über die Bewegungen der zeichnenden Hand auf dem Papier erzählt wird, ein auch sinnbildlicher Moment des Sehens und Erkennens und der Emanzipation.

Rose befreit sich in diesem Moment von den gesellschaftlichen Erwartungen, die auf ihr lasten. Jack sieht sie, so wie sie ist. Ein Moment von Nähe und Vertrautheit, der die spätere Sexszene fast etwas überflüssig macht beziehungsweise sie wie eine filmische Konvention erscheinen lässt.

Was *Titanic*, wie viele klassische Liebesgeschichten, macht, ist eine Verliebtheit zwischen den beiden Figuren in den Raum zu stellen, egal wie realistisch oder unrealistisch diese ist: unerklärliche Gefühle, Ich-liebe-dich-Statements, körperliche Anziehung, eine Mischung aus Eros und Philia. Diese Geschichten postulieren Liebe, liefern entsprechende Momentaufnahmen („der Kuss", „die Liebesszene"), aber entwickeln nicht zwingenderweise Intimität und prüfen diese schon gar nicht auf ihre Tauglichkeit im Alltag oder über eine längere Zeit hinweg. Das ist okay, denn eine schöne Liebesfantasie gehört zum Entertainment dazu und hat seine Berechtigung. Dies ist das Privileg unserer Liebesgeschichten, seit es den Satz „Und sie lebten glücklich bis an ihr Lebensende" gibt. Gegen ein bisschen Fantasie, Unterhaltung und Realitätsflucht, auch im Bereich der Liebe, ist genauso wenig einzuwenden wie gegen einen gigantischen Actionfilm mit Spezialeffekten, der in einer fernen Galaxie spielt, die mit meinem privaten Erleben auf der Erde nichts zu tun hat.

Aber wir müssen die Fantasie als das erkennen, was sie ist, und bei medialen Darstellungen von Intimität differenzieren können: Was ist Liebe, was ist Begehren, was ist Verliebtheit? Und was davon wird uns gerade erzählt? Entsteht dort echte Intimität? Geht es um Verbindung und Nähe, oder wird uns Intimität unter einem kurzen Moment von großer körperlicher Intensität verkauft? Wird uns Verliebtheit, Sex und Anziehung als Liebe präsentiert? Und wird uns erzählt, dass das alles schon irgendwie „von alleine" und nur aufgrund großer, unerklärlicher Gefühle füreinander funktioniert?

Wir sollten genau hinschauen: Sehen wir ein Klischee? Die Liebe als Selbstläufer? Oder wird uns der Aufbau einer authentischen Verbindung gezeigt, die einhergeht mit Verletzlichkeit, mit Selbstoffenbarung? Treten da zwei Menschen gerade in die Nähe, auf Augenhöhe? Und wie berühren sie uns in dieser Intimität?

Intimität ist die leise Tonalität, die Liebe und Begehren überhaupt erst Dauer, Tiefe und Substanz ermöglicht. Auch in unseren medialen Bildern ist Intimität das subtilere Element, weshalb sie uns oft nicht sofort auffällt und manchmal auch medial nicht so gut verwertbar erscheint.

Lost in Translation: Wahre Intimität spüren

Einer der schönsten Filme, der die Magie echter Nähe zwischen zwei Menschen erzählt, ist *Lost in Translation* (2003). Ein hochgelobter und mehrfach preisgekrönter Film: In einem anonymen Hotel im fernen Tokio begegnen sich zwei Fremde: die Uni-Absolventin Charlotte (Scarlett Johansson), die ihren Ehemann auf einen Fotografen-Job begleitet, und der deutlich ältere Schauspieler Bob (Bill Murray), der einen Werbespot für eine japanische Whisky-Marke dreht. Fern der Heimat und mit akutem Jetlag sind Charlotte und Bob beide auf ihre Art „lost": Obwohl Charlotte noch ihr ganzes Leben vor sich hat, fühlt sie sich verloren und weiß nicht, was sie damit anstellen möchte.

Ihre junge Ehe leidet unter der Selbstbezogenheit ihres Ehemannes und der fehlenden emotionalen Nähe. Bob hingegen befindet sich in der Midlife-Crisis. Seine Schauspielkarriere dümpelt vor sich hin, von seiner Ehefrau ist er seit vielen Jahren entfremdet und der lukrative Werbedeal bringt zwar Geld, aber keine Erfüllung.

In der kulturellen und sprachlichen Fremde der japanischen Hotelbar finden diese zwei emotional einsamen Menschen zueinander und erleben gemeinsam eine große Nähe, die, trotz des Altersunterschiedes, authentisch und ehrlich wirkt. Hier trauen sich zwei Menschen, sich gegenüber dem anderen verletzlich zu machen und sich so zu zeigen, wie sie sind.

„Intimität gedeiht dann, wenn es zwei Menschen gelingt, trotz der unvermeidlichen Probleme und Verletzungen des Lebens immer den Respekt füreinander zu bewahren, sich einander authentisch zu offenbaren und jede sich bietende Gelegenheit zu nutzen, um sich auf Augenhöhe zu begegnen.“[34] So beschreibt der Paartherapeut Tobias Ruland Intimität in seiner Arbeit mit Paaren, und diese Beschreibung trifft auf *Lost in Translation* absolut zu, ohne dass Bob und Charlotte ein Paar sind.

Bob und Charlotte trauen sich ein echtes Intomesee, sie blicken einander in die Seele und lassen sich emotional vom anderen in die Karten gucken: in den persönlichen Schmerz, in die eigenen Sehnsüchte, die Ängste und Zweifel. Beide sind in der Lage, den anderen in seiner Individualität zu akzeptieren – uns wird kein Klischee von Seelenverwandtschaft oder von symbiotischer Verschmelzung vorgesetzt. Die beiden Figuren sind eher wohlwollende Sparringspartner: Sie frotzeln und ziehen sich gegenseitig auf und nehmen den jeweils anderen so an, wie er ist, mit Respekt und Wärme. Die beiden haben Empathie miteinander – und wir haben Empathie mit ihrer Geschichte.

Regisseurin Sofia Coppola entschied sich bewusst gegen sexuelle Intimität. Sie wollte eine Geschichte von „romantischer Melancholie" erzählen.[35] Bob und Charlotte verlieben sich „platonisch" ineinander, wie es die Editorin des Films, Sarah Flack, ausdrückt.[36] Hierin liegt die Kraft dieses Films, der nicht die einfachen Bilder von Romantik liefert, sondern das darunter liegende Thema bearbeitet, unsere Sehnsucht nach Verständnis, Anbindung und Akzeptanz, nach Momenten der zwischenmenschlichen Verbindung im Inneren. Und diese Kraft des Films wird noch deutlicher durch die wenigen Momente körperlicher Intimität, welche der emotionalen Nähe zwischen Bob und Charlotte entsprechen.

Viel wird in *Lost in Translation* über die Blicke der beiden Figuren erzählt, die Komplizenschaft, Wohlwollen und genuine Zuneigung ausdrücken. Die sparsamen körperlichen Berührungen erzählen eine Mischung aus Fürsorge, Freundschaft und romantischem Potenzial: Bobs Hand, die zärtlich auf Charlottes Hand liegt, während beide gestehen, dass sie Tokio nicht verlassen wollen; Bob, der eine schlafende Charlotte zurück aufs Hotelzimmer trägt; und das ikonische Bild des Films: ein nächtliches Gespräch im Bett darüber, ob das Leben jemals einfacher werden wird – auch dies ein Bild, das mit romantischen Klischees bricht: Charlotte und Bob liegen zwar nebeneinander im Bett, körperlich nah, emotional intim, aber angezogen. Der einzige

Körperkontakt sind Charlottes Füße an Bobs Bein, auf die er am Ende der Szene seine Hand legt.

Intim ist auch die Schlussszene: Auf dem Weg zum Flughafen sieht Bob aus dem Auto heraus Charlotte, hält an und holt sie ein. Nach einem langen Blick nimmt er sie in den Arm. Diese Umarmung lässt sich viel Zeit, und die Kamera zeigt Charlottes Augen, die sich mit Tränen füllen. Hier wird die Verbindung der beiden deutlich und auch die Trauer über den Abschied.

Bill Murray, der in dieser Szene improvisierte, gelingt ein kluger Zug: Bob flüstert Charlotte in der Umarmung etwas ins Ohr – aber wir hören nicht, was er ihr sagt. Bis heute wird darüber spekuliert, was das gewesen sein könnte. Aber diese Intimität gehört den beiden Figuren und ist nicht für unsere Ohren bestimmt. Charlottes Gesicht hellt sich trotz der Tränen auf, wird fröhlicher. Es folgt ein zarter Kuss auf die geschlossenen Lippen: ein interessanter Kuss, weder sexuell noch romantisch, aber zärtlich in seinem Potenzial und seiner Undefiniertheit. Wir fühlen mit. Danach küsst Bob Charlotte noch ein letztes Mal fürsorglich, fast väterlich, auf die Schläfe und geht zurück zu seinem Wagen. Beide können nun loslassen und weitergehen.

Vom Zauber einer Nacht zur Realität des Lebens

Intimität ist vergänglich, wir müssen sie immer wieder, von Moment zu Moment, neu erschaffen. Sie ist nicht einfach da, sondern entsteht durch aktives Tun, welches Zeit braucht, um sich in die Tiefe zu entwickeln, um eine liebevolle Verbindung zwischen Menschen über die Zeit hinweg aufrechtzuerhalten. Beim Faktor Zeit gerät das Medium Film immer an seine Grenzen. Ein Film mit Standardlänge dauert rund eineinhalb bis zwei Stunden, der Raum für Intimität ist also eng gefasst. Serien mit mehreren Staffeln haben den Vorteil, Figuren und Geschichten über eine längere Zeit entwickeln zu können, aber auch sie können immer nur einen Ausschnitt zeigen. Trotzdem ist es möglich, filmische Bilder von längerfristiger Intimität und ihren Herausforderungen authentisch zu erzählen: Ein gelungenes Beispiel ist die *Before*-Filmtrilogie des amerikanischen Regisseurs Richard Linklater, die oft in den Top 10 der schönsten Liebesfilme genannt wird: *Before Sunrise* (1995), *Before Sunset* (2004) und *Before Midnight* (2013). *Before Sunrise* ist ein klassischer Film über die magische Verbindung einer Zufallsbegegnung: Der Amerikaner Jesse (Ethan Hawke) und die Französin Céline (Julie Delpy) begegnen sich auf einer Zugfahrt und beschließen, gemeinsam eine Nacht durch Wien zu laufen. Was den Film auszeichnet, ist sein Minimalismus: Er besteht im Grunde komplett aus dem Dialog zweier Menschen, die Zeit miteinander verbringen und reden. Über Gott und die Welt, das Leben, die Liebe. Zwei Menschen reden miteinander, zwei Stunden lang. Das ist echte Intimität. Und es macht den Film hoch spannend, wenn man sich auf diese Ruhe und auf das Ausloten von Nähe und Verbindung von Jesse und Céline einlässt.

Before Sunrise endet mit dem Versprechen auf dem Bahnsteig, dass Jesse und Céline sich in einem halben Jahr dort wieder treffen. Doch dazu kommt es nie, wie zehn Jahre später die Fortsetzung *Before Sunset* enthüllt. Jesse, mittlerweile verheiratet und Autor eines Buchs über die Nacht in Wien, ist für eine Lesung nach Paris gereist. Dort findet ihn Céline, die von seinem Buch gehört hat und sich in der Geschichte wiedererkennt. Die beiden verbringen nach der Lesung einen gemeinsamen Tag in Paris, bis Jesse zum Flieger muss – und sie reden wieder viel miteinander, diesmal mit zehn Jahren mehr Lebenserfahrung: mit Enttäuschungen und der Frage „Was, wenn wir uns damals nicht verpasst hätten?". Im Gespräch wird klar: Céline erschien damals nicht zum vereinbarten Wiedersehen, sie hatten keine Kontakte ausgetauscht und konnten einander somit auch nicht wiederfinden. Aber vergessen konnten sie einander auch nicht.

Was den gesamten Film über zwischen den beiden steht, wird am Ende endlich eingelöst: Jesse, schon lange unglücklich in seiner Ehe, beschließt, seinen Flieger zu verpassen. Zehn Jahre später zeigt uns *Before Midnight* Céline und Jesse im Griechenlandurlaub. Sie sind nun verheiratet und Eltern von Zwillingen, mit allen Problemen, Streitigkeiten und dem mühsamen Alltag, der jede Beziehung im Laufe der Zeit auf die Probe stellt. Wie steht es nun um Intimität und Liebe? *Before Midnight* erzählt nicht mehr die junge Verliebtheit des ersten Films, den Zauber einer Nacht oder das reale Potenzial einer Partnerschaft, die sich im zweiten Film entwickelt. Nach vielen Jahren Beziehung geht es um das, was wirklich da ist, die ungeschönte und unperfekte Realität – die Liebe ist keine Fantasie mehr, sie ist nicht perfekt, aber sie ist „echt", wie Jesse es Céline am Ende des Films sagt. Und trotz aller Frustrationen tut das Paar eins: Es bleibt im Gespräch und bemüht sich um Verbindung. Das ist zwar keine Hollywoodromanze, und es ist nicht leicht, aber die vielen kleinen Momente, die Jesse und Céline miteinander haben und aushandeln, erschaffen eine Intimität, die langfristig bestehen kann.

INTIMITÄTSKOORDINATION: WIE MAN IM FILM EMOTIONALE NÄHE HERSTELLEN KANN

Intimität von Moment zu Moment entstehen zu lassen, ist meine Aufgabe als Intimitätskoordinatorin. Und die Kernzutat dabei ist immer emotionale Intimität, also nicht das Äußerliche, sondern das Gefühl, die eigentliche Verbundenheit hinter dem Körperlichen, das, was seit jeher durch das lateinische „intimus" ausgedrückt wird: Ob wir es mit einer zärtlichen Kussszene zu tun haben oder mit einem leidenschaftlichen Sexakt. Die Bilder können noch so perfekt sein, wenn sie kein Gefühl beinhalten, werden sie beim Zuschauer auch kein Gefühl auslösen.

Diese menschliche Verbindung der Intimität schwingt auch bei den leidenschaftlichsten körperlichen Handlungen in der Tiefe mit. In den Momenten von Ekstase und Orgasmus liegen neben starken körperlichen Empfindungen auch Gefühle, Gedanken, Intentionen, Sehnsüchte und darin enthalten eine Verletzlichkeit und seelische Nacktheit. Sex ist also nur die Spitze des Eisbergs – darunter liegt die innere Welt der Menschen, die miteinander intim werden. Um diese Welt geht es in meiner Arbeit. Aber wie macht man das? Wie stellt man solche Gefühle her? Die innerliche Verbundenheit zweier Menschen?

Noch bevor eine einzige Berührung stattfindet, ein Blick, ein Kuss, geschweige denn das Freilegen von Haut, die Berührung der Körper oder aktiver Sex, muss ich herausarbeiten, was in den Figuren vor sich geht. Was denken sie gerade, was fühlen sie? Wie stehen sie zueinander? An welcher Stelle zeigt sich ihre Verletzlichkeit? Und natürlich auch: Was soll das Publikum später denken oder fühlen, wenn es sich diese Szene anschaut?

Ein Beispiel aus meiner Praxis: Für eine Serie choreografierte ich einmal eine Szene, in der es um die Darstellung eines expliziten Liebesaktes zwischen Mann und Frau ging, in dem die Frau zum Orgasmus kommt. Die Szene selbst war genauso sachlich und knapp beschrieben: Mann und Frau schlafen miteinander, sie kommt zum Orgasmus. Wie immer stellten sich unzählige Fragen: *Wie* schlafen sie miteinander? Worum geht es *eigentlich* zwischen den beiden? Wie lange sind sie schon ein Paar? Sind sie glücklich miteinander? Wie sieht ihr Sexleben aus? Was verhandeln die beiden da eigentlich und was sollte beim Publikum genau ankommen? Und dann die Frage aller Fragen, die gestellt werden muss: *Wie* kommt sie zum Orgasmus? Was wird wo wie stimuliert? Wo steigen wir in der Szene ein und wie lange dauert der Sex, bis sie zum Höhepunkt kommt?

Das Resultat war eine Szene, die mir bis heute sowohl als erotisch wie auch als zärtlich in Erinnerung geblieben ist. Auch Cast und Team waren von der tiefen Intimität zwischen den Figuren berührt. Wie hatten wir das gemacht? Indem wir der ursprünglich rein körperlichen Szene ein emotionales Fundament gebaut hatten. Wir hatten die körperliche Lust mit Verletzlichkeit und Zärtlichkeit verwoben, und wir hatten Bilder der Verbundenheit geschaffen. Mit kleinen, körperlichen Momenten, die Verbindung und Tiefe erzählen: langsame, bewusste Berührungen der Hände, die mal zärtlich streicheln, mal liebevoll halten, die Bewegungen des Beckens, Pausen, in denen die Liebenden innehalten, Blickkontakt, ein tiefer, voller Atem. Keine oberflächliche, schnelle Stimulation, sondern eine Lust, die im Bauch sitzt und sich Zeit lässt. Aus dieser Mischung entstand eine tiefe und authentische Intimität, in der die drei wichtigsten Formen von Liebe körperlich ausgedrückt wurden: die leidenschaftliche, begehrende Liebe (Eros), die freundschaftliche, verbundene Liebe (Philia) und sogar eine Prise selbstlose, schenkende Liebe (Agape). Denn in diesem Liebesakt ging es nur um die Frau und ihr Lustempfinden, ihr Partner unterstützte sie dabei und stellte seine Lust hintan.

Eine Sexszene ist wie ein Gespräch, nur eben ohne Worte. Es sind die Körper, die miteinander im Dialog sind, und im Idealfall wird Intimität und Emotionalität durch Mimik, Gestik und körperliches Handeln ausgedrückt. Da eine solche Szene im Vergleich zu einem ganzen Film relativ kurz ist, ist es ziemlich herausfordernd, Raum und Zeit für emotionale Intimität zu schaffen. Aber auch in einer Sexszene schwingt die emotionale Intimität im Körperlichen immer mit, und diese Momente sollten wir bewusst gestalten: durch Innehalten, Gesten der Rückversicherung miteinander, durch einen ruhigen Dialog von Blicken, in dem beide ein Intomesee erleben. Auch das versuche ich in meiner Arbeit zu erklären. Wir sollten Sexszenen eine besondere Aufmerksamkeit schenken, denn sie können eine enorme Kraft entwickeln: Wie könnte eine besondere Verbindung zwischen zwei Menschen besser gezeigt werden als in einer Szene, in der der Körper das ausdrückt, was die Figur im Inneren spürt? Gerade eine intime Szene hat großes Potenzial, denn welche Kraft ist stärker als die Nähe zweier Menschen, die sexuelle Energie und die emotionale Verbindung, die sich körperlich entlädt und die in der Lage ist, zwei Menschen und ihr Verhältnis zueinander tiefgreifend zu verändern?

Dass ich im Rahmen meiner Arbeit erst mal viele Fragen stelle, ist für viele manchmal befremdlich. Aber ich muss verstehen, worum es eigentlich geht, was wir erzählen wollen und welche Botschaft am Ende beim Publikum ankommen soll. Nur dann kann man eine sinnvolle Choreografie entwickeln, die dem Thema Intimität gerecht wird. Jede Berührung, jeder Blick, jede Zärtlichkeit, jede Bewegung im Becken erzählt uns etwas, hat eine Tiefe und eine Botschaft. Ein Zungenkuss mit geschlossenen Augen und geöffneten Lippen erzählt uns etwas anderes als ein geschlossener Kuss auf der Innenseite des Handgelenks bei gleichzeitigem Blickkontakt.

Authentische Bilder von Intimität zu schaffen bedeutet, den Dialog und die verschiedenen Ausprägungen von Intimität zu erfassen und auszudrücken; emotional, spirituell, gedanklich, körperlich. Häufig verwende ich dabei den Vergleich mit der Landkarte – so entwerfen wir für jede Szene einen eigenen Weg. Es macht unglaublich Spaß, sich so kreativ auszudrücken und dem Publikum feine Nuancen von Intimität zu präsentieren. Die Klarheit der menschlichen Verbindung, die wir später als Zuschauer lesen, verstehen und fühlen, sie sorgt für Tiefe und Bedeutsamkeit einer intimen Szene – sie erzählt uns viel, über die Figuren im Film und über uns selbst.

Die Magie der Langsamkeit

Emotionale Intimität braucht Momente der Ruhe innerhalb der Aktion, sie braucht Blickkontakt, ein Fühlen der Hände – und Atem. Wer jetzt denkt, dass sich eine Sexszene wie ein Backrezept liest: stimmt. Ich arbeite mit Bewegungszutaten, und das sind die narrativen und körpersprachlichen Muster, von denen ich zu Beginn des zweiten Teils schrieb – wir lesen, fühlen und verstehen diese intimen Muster, sie haben für uns Bedeutung.

Wenn ich Szenen choreografiere, ist der Atem eine meiner Lieblingsstellschrauben. Die Kamera liebt einen stimmigen Atem. Und Intimität braucht diese „Luft zum Atmen" – hier haben Gefühle Platz, hier entwickelt sich Zärtlichkeit, hier zeigen Figuren ihre Verletzlichkeit, und wir können es als Publikum spüren, wenn die Intimität Raum bekommt. Und manchmal schwingt auch Schmerz mit, das Ende der Nähe.

Einmal habe ich die Momente *nach* einer lesbischen Liebesszene choreografiert. Die Frauen haben Sex miteinander, sie sind beide in lieblosen Vernunftehen gebunden. In diesen wenigen Momenten, die sie miteinander verbringen können, erzählten wir eine Nähe und Liebe, bei der der Abschied immer mit im Raum steht – es schwingt immer auch Schmerz und Trauer mit, eine große Verletzlichkeit in der Geborgenheit miteinander. Wir erzählten diese Intimität über Blicke und über Berührungen, die bewusst und langsam gesetzt wurden, die von Liebe, Vertrauen und Bedauern erzählen. Durch diese Langsamkeit wurde ein Raum geschaffen, in dem die Figuren miteinander schweigen, die Nähe der anderen Person fühlen, sie mit allen Sinnen und so lange wie möglich wahrnehmen konnten.

Auch wenn ich bei der Arbeit meist sachlich auf den Monitor schaue: Bei diesen Momenten musste auch ich schlucken, weil die Verbundenheit dieser beiden Figuren, deren Ende so deutlich lesbar war, einfach sehr berührte.

Intimität hat, wie ich im ersten Teil erwähnt habe, kein Geschlecht und keine sexuelle Orientierung, sie ist ein menschliches Grundbedürfnis, und sie zeigt sich auch in Szenen, von denen man es vielleicht nicht sofort erwarten würde. Als ich das erste Mal eine schwule Liebesszene choreografiert habe, war es mir wichtig, dass wir keine Klischees erzählen, sondern authentische Emotionen. Als Teil meiner Vorbereitung fragte ich in meinem schwulen Freundeskreis nach: „Was ist euch wichtig, was sind Klischees, worauf sollten wir achten?“ Die Antwort war deutlich: „Es ist egal, ob hetero, lesbisch oder schwul, am Ende des Tages geht es um zwei Menschen, die zueinander eine Verbindung finden und miteinander Nähe, Intimität und vielleicht den Beginn einer Liebe erleben. Es geht um Menschen, nicht um sexuelle Orientierung.“ Und so habe ich auch die Handlung choreografiert, als ein Ausloten dieser zwischenmenschlichen Intimität.

Als die Szene später im Fernsehen lief und ich sie meiner eher konservativ geprägten Mutter zeigte, war sie sehr berührt. Denn sie konnte sehen, was emotional zwischen den beiden Männern passierte, was sie fühlten, dass sich da zwei Menschen nach Berührung und Nähe sehnten und die Möglichkeit von Verbindung miteinander ausloteten, sich miteinander verletzlich zeigten. Körperliche Nacktheit hat noch keine intime Szene besser gemacht – seelische Nacktheit schon. Und manchmal geht beides Hand in Hand.

Seelische oder körperliche Nacktheit?

Vom biblischen Sündenfall bis zur FKK-Kultur: Nacktheit ist eigentlich das Natürlichste der Welt – und besitzt trotzdem Skandalpotenzial. Sie hat Signalwirkung, wurde im Laufe der Menschheitsgeschichte auf unterschiedlichste Weise besetzt, mit körperlicher Scham genauso wie mit einem Gefühl von Freiheit, mit Unschuld genauso wie mit Sünde, und das bis in unsere Zeit hinein.[37]

Mehr Nacktheit hat zwar noch keine intime Szene gerettet, aber unsere Haut ist ein wichtiger Ort auf der Landkarte von Intimität: Sie ist Grenze und Kontaktpunkt zwischen der emotionalen Intimität im Inneren und der äußerlichen Intimität. Das Innere drückt sich über unseren Körper aus, über Berührungen, Hautkontakt, Küsse bis hin zu sexuellen Handlungen. Unsere Haut erzählt Geschichten, Nacktheit ist Selbstoffenbarung, Verletzlichkeit und Akzeptanz.

„Ich fühle mich seelisch nackt“ sagen wir, wenn wir uns verletzlich fühlen, ungeschützt, wenn wir uns eine Blöße geben. Nackt sind wir angreifbar, und genauso können wir uns nackt fühlen, während wir noch komplett angezogen sind. Der Moment, in dem zwei Liebende einander zum ersten Mal nackt sehen, kann Freude und Unsicherheit zugleich sein: Ist der eigene Körper attraktiv genug, erlaubt man dem anderen Menschen den Blick oder macht man lieber das Licht aus? Wie viele intime Momente braucht auch dieser den Mut zur Verletzlichkeit, Vertrauen ins

Gegenüber und einen empathischen Blick sowohl auf sich als auch aufeinander.

Wenn die erste Berührung stattfindet, dann erfahren wir über Haut und Körper diese konkrete, sinnliche Grenze zwischen emotionaler und körperlicher Intimität, und an dieser Grenze entzündet sich auch der poetische Gedanke von körperlicher und seelischer Verschmelzung. Wo höre ich auf, wo beginnt der andere Mensch? Wie nahe und verschlungen können wir miteinander und ineinander sein?

Für mich ist Nacktheit vor allem ein Werkzeug für eine gute Geschichte. Nacktheit kann, wenn sie richtig eingesetzt wird, vieles sein: sinnlich, fragil, kraftvoll, intim – und manchmal ist sie komplett überflüssig.

Heutzutage sehen wir sicherlich zu viele Bilder von Nacktheit, die unüberlegt und als Allgemeinplatz entstehen. Man spürt es, wenn in einer Szene einfach nur nackte Haut abgefilmt wird und Körper, die sich aufeinanderpressen, ohne etwas zu erzählen. So wie intime Szenen auch war Nacktheit im Film lange ein blinder Fleck im Sinne von „Sie reißen sich eben die Kleider vom Leib und dann schlafen sie miteinander". Ich frage mich oft, wenn ich solche Klischees sehe, wie sie sich auf den Sex von Menschen auswirken, die viele solcher platten Szenen sehen. Szenen, die Performance sind, eine Abfolge von stereotypen Gesten und Bildern. Das geht besser und es muss besser gehen. Hier setzen meine Fragen an: Wie genau reißen sie sich denn die Kleider vom Leib? Und wer reißt hier wem was zuerst vom Leib – und ist es überhaupt ein Reißen? Oder ist es ein langsames, sinnliches Freilegen der Haut? Und was erzählt uns das über das, was im Inneren der Figuren gerade passiert, und über das, was zwischen ihnen verhandelt wird?

Kleine Tricks, große Wirkung: Bilder von Nacktheit herstellen

Film ist Illusion. Auch die Nacktheit, die wir später in Film oder Serie sehen, ist es häufig. Denn obwohl es so wirkt, sind die Schauspieler meist nicht komplett entblößt vor der Kamera, das kommt seltener vor, als man denkt. Nacktheit im Film ist vor allem ein geschicktes Spiel aus Kamerawinkeln, Verdeckungen, Körpersprache und dem Schnitt. Den Rest erledigt unser Gehirn. Wenn wir den Beginn von Entkleiden sehen und dann springt das Bild zu nackten Schultern, dann füllt unser Gehirn die Leerstelle: Wir lesen „Nacktheit" und verstehen die Handlung, ohne dass wir den komplett nackten Körper als Beweis sehen müssen.

Es gibt viele Möglichkeiten, die Illusion von Nacktheit herzustellen, ohne dass ein Schauspieler sich ganz ausziehen muss. Nacktheit betrachte ich wie ein Kostüm: Ich arbeite mit verschiedensten hautfarbenen Unterwäschen und Abklebern für Unter- und Oberkörper, die im Schritt gepolstert sind. Bei simulierten Sexszenen haben Schauspieler nie echten Kontakt im Intimbereich, daher tragen sie diesen Tiefschutz. Die Schutzwäsche wird oft mit einem speziellen Sport-Tape auf der Haut befestigt und hat keine Seitennaht, sodass der Übergang von der Hüfte zum Bein frei ist. Auf der Leinwand sieht das täuschend echt aus, so als wären die Schauspieler nackt und hätten wirklich Sex – meist habe ich zwischen ihnen auch noch ein kleines Luftkissen versteckt, das man im fertigen Film nicht sieht.

Auch wenn Schauspieler explizite Nacktheit zeigen wollen, gibt es Tricks und Kniffe: Spezialfirmen stellen künstliche Penisse und Vulven her, welche die Schauspieler tragen wie ein Kostüm. Auch computergenerierte Bildeffekte, KI und digitale Nachbearbeitung sind heute eine Option. Ein bekanntes Beispiel ist der Film *Nymphomaniac* (2013) des dänischen Regisseurs Lars von Trier. Um echten Sex zu zeigen, wurden die Szenen zweimal gedreht: einmal mit Pornodarstellern und echter Penetration und einmal mit den Schauspielern, die den Sex simulierten. In der Postproduktion wurden Körper und Kopf digital zusammengefügt, und das Endergebnis sieht echt aus.

Männliche Nacktheit: eine (noch) seltene Spezies

„Meine Herren, es ist Zeit, den Speck zu befreien."[38] Mit diesen Worten plädierte Schauspieler Kevin Bacon 2015 in einem Comedyvideo für mehr männliche Nacktheit in Film und Fernsehen – er wolle endlich seinen Penis zeigen dürfen und fände es ungerecht und diskriminierend, dass seine weiblichen Co-Stars viel öfter nackt seien als er. Damit kritisierte Bacon subtil und humoristisch eine seit Beginn der Filmgeschichte bestehende Doppelmoral: Die Bilder von Nacktheit sind vor allem weiblich. Schon frühe Filme thematisieren weibliche Nacktheit und erotisieren den weiblichen Körper.[39] Frauenrollen sind in der Regel nicht nur spärlicher bekleidet als männliche, sie sind auch mit höherer Wahrscheinlichkeit nackt als Letztere.[40] In dem Fokus auf den weiblichen Körper und die weibliche Nacktheit sieht man sie wieder ganz deutlich: die Verbindung zwischen den Geschichten, die wir erzählen, und wie sie sich auswirken auf die Realität – und umgekehrt. Die Tatsache, dass im Film vor allem Frauen gerne sexualisiert werden, sagt nicht nur etwas über die Filmbranche aus, sondern über unsere ganze Gesellschaft. Es herrscht eine deutliche Schieflage in unseren Bildern und in unseren Geschichten: Nicht immer sind das bewusste Entscheidungen, sondern es sind Prägungen, die sich im Wechselspiel zwischen unseren Leben und den medialen Bildern, die es reflektieren, eingeschliffen haben. Nacktheit wird noch zu oft unreflektiert inszeniert, als unbewusstes Sehmuster – eine tradierte Bibliothek von Bildern im Kopf. In der Filmtheorie spricht man vom „männlichen Blick“ (male gaze) auf die weibliche Figur, ich finde es korrekter, von *einem* Blick (*a* gaze) zu sprechen, den wir alle, Frauen wie Männer, auf den weiblichen Körper haben und der eine unbewusste Prägung ist. Es gilt, diesen speziellen Blick bewusst zu machen und zu hinterfragen – und in der Folge Nacktheit anders zu inszenieren.

Dass männliche Nacktheit ein starkes Erzählmittel sein kann, zeigt der Film *Shame* (2011). Erzählt wird die Geschichte eines sexsüchtigen Mannes, Brandon (Michael Fassbender), für den das zwanghafte Konsumieren von Sex eine Flucht vor den eigenen Gefühlen ist. Michael Fassbender zeigt sich im Film komplett nackt, die Presse schrieb vor allem darüber, wie gut gebaut er im Intimbereich sei – und verfehlte den Punkt, dass die körperliche Nacktheit als Spiegel von Brandons seelischer Nacktheit, von Schmerz und Einsamkeit, inszeniert wird. Dieses Bild von Nacktheit turnt nicht an, es macht betroffen. Es ist ein starkes Bild von männlicher Nacktheit und im Mainstream noch eher selten.

Auch in puncto Diversität sind unsere Bilder bis heute uniform: Nackte Körper auf der Leinwand entsprechen mehrheitlich dem aktuellen Ästhetikideal, von sehr schlank bis sehr muskulös, ohne sichtbare Behinderungen, und sind, insbesondere bei weiblicher Nacktheit, jung. Wir alle haben diese Bildbibliothek in unseren Köpfen. Als ich selbst mit über vierzig Jahren meine erste Nacktszene drehte, war ich im ersten Moment etwas ernüchtert, als ich das Play-back der Szene sah, denn ich sah einen relativ normalen weiblichen Körper mit Körperfett und hängenden Brüsten. Das Bild befremdete mich, denn normale, „unperfekte“ Frauenkörper der Kleidergröße 42 gab es in meiner Bildbibliothek bis dato nicht. Mein zweiter Gedanke kam prompt: Gut so, dass wir diese Szene drehen. Denn solche Bilder brauchen wir!

Es ist schlimm genug, dass wir zu wenige normal gebaute nackte Körper mit all ihren Falten, Dellen und Pölsterchen in Film und Fernsehen sehen und davon ab einem gewissen Alter immer weniger. Als Kreativschaffende müssen wir hier andere Bilder anbieten – und als Publikum andere Bilder einfordern. Denn diese Bilder und damit verbunden die Sichtbarkeit von Menschen, ihren Körpern und ihren Realitäten prägen uns alle, auch darin, wie wir unsere eigenen Körper empfinden.

SCHLECHTER SEX, SCHLECHTES (KOPF-)KINO

Von schlechten Sexszenen im Film können wir sehr viel für uns selbst lernen – manchmal mehr noch als von guten. Sie sind ziemlich leicht zu erkennen, denn sie erzählen uns nichts und lösen auch nichts in uns aus. Schlechter Filmsex zeigt uns ganz wunderbar, wie wir unsere Intimität *nicht* erleben wollen. Wie jede gute Dialogszene braucht auch eine Sexszene einen emotionalen und gedanklichen Unterboden. Wir müssen das „Warum" erkennen, wir müssen während der Aktion den stillen Dialog zwischen den Figuren hören können, was sie fühlen, denken und miteinander aushandeln, ihre Motivationen. Wenn eine Szene diesen Unterboden nicht transportiert, dann hat sie keine Funktion und ist für die Geschichte überflüssig. Und je weniger erotische Szenen im Film vorher durchgesprochen und choreografiert werden, desto mehr schwankt die Qualität. Klar. Wenn ich als Regisseur und als Schauspieler nicht weiß, was ich ausdrücken soll, mache ich einfach irgendwas – und reproduziere im schlimmsten Fall ein klischeehaftes Standardbild von Sex, ohne Intimität. Und dies löst entweder gar kein Kopfkino beim Zuschauer aus oder den Gedanken, dass dies die Normalität sei – wenn man sie schon ständig auf der Leinwand sieht. Bilder von Klischeesex, von sexueller Performance, stereotypen Bewegungen und Berührungen, fehlender Intimität nehmen wir am Ende des Tages auch mit ins Schlafzimmer. Dass das eigene Erleben von Sex und Intimität dadurch nicht besser wird, kann man sich wahrscheinlich denken.

Wenn ich „Erotik" definieren müsste, dann so: Erotik ist Sex *mit* Intention.

Außerdem gilt für Sexszenen: Die Körper erzählen. Über die Körper wird Glaubwürdigkeit, Authentizität und Aussage geliefert, und auch die berühmte „Chemie", die in einer intimen Szene da sein muss, damit sie funktioniert. Hier sind die Top 7 der Baustellen, die zu schlechtem Filmsex führen:

Fehlende Chemie

Der Klassiker unter den Problemen. Nichts ist ärgerlicher. Man kennt es nur zu gut: Man sitzt zu Hause gemütlich auf der Couch, schaut sich einen mitreißenden Film an, die beiden Hauptfiguren kriegen sich endlich und es kommt zum Liebesakt, der das Zusammenkommen besiegelt. Man schaut und versteht, was da passiert – aber es knistert nicht. Die Leidenschaft ist okay, es sieht gut aus, aber irgendwie packt die Szene einen nicht, man wird weder berührt noch bewegt.

Was läuft da schief? Der Unterboden fehlt, die Intimität – und zwar die emotionale Intimität, die die körperliche tragen kann. Die Chemie stimmt einfach nicht.

Das liegt daran, dass man an der emotionalen Intimität nicht gearbeitet hat. Man hat sie als gegeben vernachlässigt, die Schauspieler mal machen lassen, in der Hoffnung, dass da wie durch Zauberhand etwas entstehen würde. So funktioniert es leider nie, denn intime Szenen sind körperliche Szenen, die erarbeitet werden müssen. Aber das wurde die längste Zeit bei Filmen nicht getan. Es funktioniert auch dann nicht, wenn sich die Schauspieler im realen Leben super verstehen oder gar ein Paar sind. Die Chemie entsteht nicht einfach von allein. Man muss sie bauen. Das ist die spezielle Anforderung von körperlichem Spiel für die Kamera. Chemie und Intimität auf Kamera sind Handwerk. Das kann man herstellen – wie jedes andere Gefühl auch –, und man muss es herstellen, wenn man eine gute Sexszene filmen möchte.

Übrigens: Auch das Gegenteil kann Probleme machen, also wenn bei den Schauspielern zu viel Chemie füreinander vorhanden ist. Wenn die Biochemie Achterbahn fährt und die Körper sich verknallen, dann macht das die Szene nicht besser. Denn es fehlt auch hier das Handwerk. Und wenn beide Szenenpartner dann auch noch anderweitig glücklich verheiratet sind und Familie haben, dann kann es richtig schiefgehen.

Anatomische Abenteuer

Leidenschaftlicher Sex in der Dusche, akrobatische Stellungswechsel und Genitalien in Sondergrößen – manchmal schaut man sich eine vermeintlich heiße Sexszene an und denkt sich: Wow, sieht sportlich aus. Aber so richtig hinhauen tut das körperlich nicht.

Was läuft da schief? Eine Unachtsamkeit, die ihre eigene Videoserie zum Thema Filmfehler bräuchte, ist, wenn die Winkel der Becken komplett unrealistisch sind: Es wird eine Penetration erzählt, liegend oder stehend, aber anatomisch kommt es einfach nicht hin. Der Penis müsste unnatürlich lang sein, teils gebogen, damit das, was man vor sich sieht, überhaupt anatomisch möglich wäre. Oder die Vagina müsste an einem anderen Platz sein. Ein klassisches Beispiel: Sie sitzt auf der Waschmaschine im Schleudergang (alternativ: auf der Küchenanrichte), er penetriert sie stehend – aber ihr Becken befindet sich im 90-Grad-Winkel zu ihm, manchmal sogar noch weniger. Die sportliche Variante: Er hebt sie hoch und drückt sie gegen eine Wand. Sieht heiß aus, aber wer das in echt mal probiert hat, weiß, dass diese Verrenkungen nicht ganz so leidenschaftlich und leichtfüßig gelingen wie sie durch die medialen Bilder verkauft werden. Hinzu kommt: Tragende/haltende

Positionen können körperlich sehr anstrengend werden, viele Takes kann man da nicht drehen.

Viele dieser ungewöhnlichen Stellungen wirken im fertigen Film dann auch viel weniger erotisch als intendiert, manchmal sogar unfreiwillig komisch. Ein berühmt-berüchtigtes Beispiel dafür ist der Film *Showgirls* (1995) des niederländischen Regisseurs Paul Verhoeven, in dem ein Showgirl (Elizabeth Berkley) und ihr Produzent (Kyle MacLachlan) Sex in einem Pool haben. Die Szene ist körperlich so überzogen, dass sie Humor hat. Sie passt zum Film, der genauso überzogen ist, mit Dialogen, die brüllend komisch sind. Der Film wurde bei seinem Erscheinen in der Luft zerrissen – heute ist er Kult. Er ist auf seine übertriebene Art witzig und man kann ihn mit Ironie und Humor als wunderbar trashiges Spektakel wertschätzen.

An dieser Stelle spreche ich noch eine Bonusrüge aus: Ich finde es merkwürdig, dass der Moment der Penetration, ob vaginal oder anal, bei so manchen Szenen einfach nicht miterzählt wird. Da legen sich zwei Körper aneinander, mit etwas Glück sehen wir noch eine kleine Anbewegung, und schon geht es mit den Beckenbewegungen los. Wahnsinn! Ein bisschen mehr Realismus wäre schön, ich bin schon glücklich, wenn ich an der Bewegung einer Hand in Richtung Becken erkenne: Aha, es wird etwas eingeführt! Dass es sowohl bei vaginalem und besonders bei analem Geschlechtsverkehr nicht sofort in hohem Tempo weitergehen kann – auch dieses Detail wird gerne vergessen.

Warum schleichen sich diese anatomischen Fehler beim Dreh der Sexszene ein? Es liegt daran, dass der Geschlechtsverkehr im Mainstream simuliert ist und daher die konkrete anatomische Realität der Dinge schlicht nicht beachtet werden muss. Wenn dann noch eine generelle Scham und Sprachlosigkeit herrschen und keine Intimitätskoordination hinzugezogen wird, die die Dinge offen anspricht und die Darsteller in der simulierten Sexposition korrekt einrichtet: Dann hat man das perfekte Szenario für anatomische Abenteuer.

Solosex

Zu schnell, zu hart, zu rubbelig, zu ... Schlecht gemachter Solosex ist ein Ärgernis und wirkt wie ein liebloser 100-Meter-Sprint zum Höhepunkt. Er berührt nicht. Vermutlich ist dieses Thema noch mehr schambehaftet als Sex zu zweit – hier haben wir es wieder, unser Bild davon, was „die Norm" ist. Stärker als Partnersex galt Selbstbefriedigung lange als Tabu und wurde manchmal fälschlicherweise als schädlich angesehen oder als schlechter Ersatz für „richtigen" Sex mit dem Partner.

Eine solche Szene proben? Bloß nicht, wir drehen das schnell in einem Take, Augen zu und durch! Biete uns mal was an! Wie würdest du das denn privat machen? Mir wurden schon einige Geschichten von Schauspielern, Männern wie Frauen, berichtet, die angewiesen wurden, sich in einer Masturbationsszene in echt im Intimbereich zu berühren und zu stimulieren, was völlig inakzeptabel ist.

Bilder von Solosex sind eine – häufig vertane – Chance für psychologisch spannende Momente einer Figur. Man könnte diese Chance sehr vielfältig in ihrer Aussagekraft nutzen: Momente der Selbsterkenntnis, der Selbstermächtigung, der Befreiung oder der Akzeptanz des eigenen Körpers. Nicht zuletzt haben gerade auch Bilder von Solosex einen gewissen edukativen Unterton. Masturbation ist für junge Menschen ein wichtiger erster Schritt in ihrer sexuellen Entwicklung und häufig begegnet man diesen Szenen auch in Formaten für ein junges Zielpublikum. Umso wichtiger, dass wir das Thema angemessen und authentisch behandeln und dass wir glaubwürdige Bilder erzählen, die der Geschichte und auch der Realität gerecht werden.

Safer Sex – hä?

Eine ungeschriebene Regel in Film und Fernsehen scheint zu sein: Niemand wird je schwanger oder von einer sexuell übertragbaren Krankheit betroffen, es sei denn, dies ist für die Geschichte relevant. Früher habe ich dieses Bild nicht hinterfragt. Heute fällt es mir bei Sexszenen auf, dass Verhütung und Safer Sex kaum einmal thematisiert und auch nicht zwischen den handelnden Figuren im Film besprochen werden. Von Gleitmitteln und Sextoys fange ich erst gar nicht an.

Dass sich das äußerst ungünstig auf unseren reellen Umgang mit diesen Themen auswirkt, ist logisch. Auch hier werden wieder Stereotype reproduziert, die nicht nur unrealistisch sind, sondern auch schädlich. Aber warum läuft das so schief? Zum einen ist das Thema Verhütung etwas, über das wir generell offener reden müssten. Es ist ein blinder Fleck, auch in unseren Bildern. In heterosexuellen Szenen mag im Subtext stillschweigend miterzählt werden, dass eine Frau hormonell verhütet, zum Beispiel die Pille nimmt – und damit ist das Thema vom Tisch. Das Risiko sexuell übertragbarer Krankheiten wird dann allerdings ausgeblendet.

Auch bei gleichgeschlechtlichem Sex wird Schutz selten thematisiert: Cunnilingus (Oralverkehr an weiblichen Genitalien) wie in *Black Swan* (2010) oder *Blau ist eine warme Farbe* (2013) findet ohne Latextuch, Analverkehr wie in *Brokeback Mountain* (2005) oder *Call Me By Your Name* (2017) ohne Kondom oder Gleitmittel statt.

Natürlich ist der Verzicht auf das Thema Safer Sex meist dramaturgisch bedingt: Bilder von Intimität sind zeitlich komprimierte Momente, gerade die Liebesszene ist ein emotionaler Höhepunkt im Handlungsbogen: Endlich kommen sie zusammen, eine emotionale Musik dazu, die uns das Fühlen erleichtern soll und Stimmung vermittelt, schönes Licht, Schweiß auf der Haut, und das Ganze wird schön bündig in einer Montage geschnitten, flüssig, elegant, sexy. Pragmatische Vorgespräche zu Verhütungsmethoden, das Nesteln mit dem Kondom, das Auftragen von Gleitgel würden den Flow stören. Man läuft Gefahr, die suggerierte Romantik des Moments an die Realität zu verlieren. Aber genau das müsste passieren, um Intimität realistisch und berührend zu erzählen: Schaffen wir neue Bilder, neue Erzählungen von verantwortungsvoller Intimität. Solche Bilder sollten selbstverständlich sein, und nicht nur das: Sie können genauso auch sexy, sinnlich, liebevoll, ästhetisch sein, uns etwas erzählen. Wir brauchen solche Bilder. Niemand kann sich richtig fallen lassen, wenn er im Hinterkopf hat, dass er schwanger werden oder sich eine Geschlechtskrankheit zuziehen könnte. Das Kino aber suggeriert das. Die Bilder in unserem Kopf bleiben die gleichen, der Druck steigt, wir wissen nicht, wie wir im Privaten über Safer Sex und andere Themen sprechen sollen, ohne dass es sich ungelenk oder „unsexy" anfühlt – Intimität wird eher zunichtegemacht als gefördert.

Und deshalb stehen die Kreativschaffenden auch in einer besonderen Verantwortung für die Bilder, die sie produzieren. Künstlerische Freiheit hin oder her, Ästhetik ja, gute Unterhaltung und Entertainment gerne – aber gerade penetrativen Geschlechtsverkehr verantwortungslos und unglaubwürdig zu erzählen, wenn dieser Sex in der Realität ein Risiko darstellt, mitunter sogar Schmerzen verursachen kann – das ist ärgerlich, unnötig und der Sache unwürdig.

Schnell auf den Höhepunkt gebracht

Gegen eine schnelle Nummer ist nichts einzuwenden. Aber für Intimität gilt: Sie braucht Zeit. Tiefe braucht Zeit. Verbindung braucht Zeit. Zeit und Raum, sich zu entwickeln. Intimität bedeutet hineinspüren, ins Fühlen kommen, auskosten – und die Zeit dabei ein wenig anhalten.

Und dann sieht man sich eine Liebesszene im Kino an und stellt fest: Mensch, kommen die schnell zum Höhepunkt! Warum klappt das eigentlich bei mir nicht immer so reibungslos und wie lange brauche ich bis zum Höhepunkt, wenn ich überhaupt bis dahin komme? Aber müssen wir das überhaupt? Oder ist genau das ein tradiertes sexuelles Skript: Ziel einer sexuellen Aktivität ist der Orgasmus? Muss unser Sex wirklich so zweckgebunden und zielgerichtet sein, wie es uns suggeriert wird? Aber was handeln wir uns damit ein? Druck und Erwartungshaltungen und einen Haufen unnötiger Sorgen bezüglich der eigenen sexuellen Kompetenzen und Leistungsfähigkeit – bei Frauen wie bei Männern. Dies sollten wir grundsätzlich hinterfragen.

Werfen wir also einen genaueren Blick auf Filmsex: Was wir in den filmischen Bildern von körperlicher Intimität oft sehen, ist eine schnelle Erregbarkeit und Bereitschaft, der rasche Anstieg von Lust, eine nicht oder sehr schnell erzählte, quasi automatisch-optimierte Penetration mit einem sehr lusterzeugenden Geschlechtsverkehr, der reibungslos funktioniert. Wenn ein Höhepunkt erzählt wird, dann kommt er schnell, und wenn wir Stöhnen hören, dann ist es in der Regel weibliches Stöhnen. Eine Standardsexszene im Film bewegt sich irgendwo zwischen einer 20-Sekunden-Montage und einer 5-Minuten-Sequenz. Wie geht das eigentlich, als Frau nur durch vaginale Penetration so schnell zum Orgasmus zu kommen? Gerade haben die noch geknutscht und sich die Kleider vom Leib gerissen, und jetzt ist sie im Lust-Nirwana.

Natürlich fehlt im Film schlicht die Zeit, das auszuerzählen, was im wahren Leben seine Zeit und Muße braucht und bekommen sollte. Und es fehlt an anatomischem Wissen, an Wissen über Lust und Libido – vor allem bei männlichen Regisseuren. Ich erkläre in meiner Arbeit also auch, welche Stimulation eine Frau wirklich braucht, damit sie zügiger zum Orgasmus kommt. Auch auf die Zeitfrage kann man im Film Antworten finden. Man sollte sich genau überlegen, was und wie viel man zeigen möchte, welche Momente wirklich wichtig sind – und vielleicht ist die Wirkung einer Szene besonders intensiv, wenn sie nicht den kompletten Sexakt zeigt? Wenn sie Dinge ausspart und somit unser Kopfkino anregt? Weniger ist bei intimen Szenen mehr, wie wir beim Beispiel der Töpferszene in *Ghost* sehen, wo der anschließende Sex gar nicht mehr nötig war. Auch ich habe es in meiner Praxis schon oft erlebt, dass die Regie das Vorspiel und die ersten Zärtlichkeiten, die wir choreografiert hatten, bereits so aussagekräftig fand, dass sie den eigentlichen Sexakt gar nicht mehr brauchte: „Wir haben ja schon das erzählt, worum es zwischen den beiden in der Szene geht." Genau das: Intimität.

Vergebene Chance: Küsse

Wenn im Film eine tolle Kussszene kommt, bin ich hin und weg. Leider ist das nur selten der Fall. Ich sehe viel zu viele Filmküsse, die nicht berühren, weder Tiefe noch Leidenschaft besitzen, geschweige denn Aussagekraft.

Das passiert ebenfalls, wenn man an der Szene nicht gearbeitet hat. Man hat die Schauspieler wie so häufig improvisieren lassen und den Ablauf dann einfach so gefilmt. Ganz oft ist das sogar Folge einer Regieanweisung, dass sich die Schauspieler den echten Kuss bitte für den Dreh aufsparen mögen, denn man wolle das „Echte" dieses Kusses auf Kamera sehen. Da greift wieder das vermeintliche Chemie-Prinzip und damit die Hoffnung, dass in diesem ersten Lippenkontakt von alleine Chemie entstehen möge. Aber diese Eins-zu-eins-Übertragung aus dem Privatleben funktioniert beim Dreh nicht. Schließlich ist der erste Kuss zwischen zwei Menschen im wahren Leben ein wirklich intimer Moment – aber auch der ist nicht immer perfekt und höchst romantisch. Am Set treffen ja nicht zwei Personen aufeinander, die bereits Gefühle füreinander hegen. Der Kuss kann also nie „echt" sein. Die Folge solcher spontanen Kuss-Improvisationen: Wir sehen Lippen, die aufeinandergepresst werden, aber weder Intention noch einen stillen Dialog. Der Kuss erzählt uns nichts.

Wenn der Kuss improvisiert wird, dann kann als zweites Problem für Schauspieler der Schutzmodus eintreten, meist unbewusst. Wir sehen: heftig küssende Menschen, deren Augen geschlossen sind, die Münder mit leichter Verspannung, die Hände greifen wahllos. Darunter liegt: Unwohlsein. Ein Kuss ist ein sehr intimer Akt, ein feiner, stiller Dialog zwischen zwei Menschen. Wenn wir diesen intimen Akt mit zwei einander fremden Menschen inszenieren, ohne ihn körperlich zu choreografieren und in seiner Bedeutung und in seinen vielen kleinen Momenten auszugestalten, dann wollen die Schauspieler, unbewusst, vor allem durch den Kuss durchkommen. Ihre Körper schützen sich, müssen sich schützen: Augen zu und durch! Bei genauem Hinsehen kann man das sogar erkennen, die leichte innere Anspannung, das Übereinander-Herfallen und das unkoordinierte Sich-durch-den-Moment-Hindurchküssen mit geschlossenen Augen. Meist in hohem Tempo. Manchmal als Zungenkuss, weil man fälschlicherweise annimmt, dass ein Zungenkuss Leidenschaft oder besondere Intensität erzählen würde. Auch dies ist ein Trugschluss, und es wird das Gegenteil erreicht von dem, was der Kuss eigentlich darstellen soll.

Repräsentanz

Lange Zeit war der Sex in Film und Fernsehen vor allem heteronormativ: ein hellhäutiges, heterosexuelles Paar innerhalb eines bestimmten Altersspektrums, das den gängigen Schönheitsidealen entspricht. Und dieses Paar schläft in den üblichen Stellungen des penetrativen Geschlechtsverkehrs miteinander.

Das ändert sich zum Glück langsam, es werden zunehmend auch andere Modelle von Intimität erzählt, andere Körper und Lebenswelten oder auch Themen wie Sex im Alter – ein schönes Beispiel dafür ist Andreas Dresens Film *Wolke 9* (2008). Unsere Bilder sollten unsere gesamte Gesellschaft abbilden – aber sie sollten sie auch authentisch abbilden. Hier kommt es immer wieder zu Narrativen, die das Klischee einer Community erzählen, und das ist ärgerlich und überflüssig, die Kritik an solchen Bildern berechtigt. Die Filmserie *Shades of Grey* (2015–2018), ein kommerzieller Welterfolg, stellte BDSM-Praktiken innerhalb einer missbräuchlichen Beziehung dar – und wurde von der gesamten BDSM-Community als unrealistisch, nicht repräsentativ und schädlich abgelehnt.[41] Ein weiteres Beispiel ist der Film *Blau ist eine warme Farbe* (2013), in dem eine junge lesbische Liebe erzählt wird. Der Film sorgte wegen seiner langen, expliziten und voyeuristischen Sexszenen für Aufmerksamkeit – und für viel Kritik. Die Sexszenen sind unauthentisch, aber auch sie sind unrealistisch und ärgerlich und wurden von der lesbischen Community als voyeuristischer männlicher Blick entlarvt. Julie Maroh, die Autorin des Buches, auf dem der Film basiert, distanzierte sich von dem Film und berichtete nach den ersten Vorführungen: „Die heteronormativen Menschen lachten, weil sie den Sex lächerlich fanden, die lesbischen Menschen lachten, weil sie den Sex lächerlich fanden. Die Einzigen, die nicht lachten, waren die Männer, die ihre Fantasie auf der großen Leinwand sahen."[42] Das, was laut Maroh beim Dreh dieser lesbischen Geschichte am Set vor allem fehlte, waren: Lesben. Und genau damit könnte man anfangen: die Menschen einzubeziehen, die gemeint sind. Und die Expertise einholen von Menschen, die Ahnung haben.

VOM LEBEN INSPIRIERT: GUTEN FILMSEX CHOREOGRAFIEREN

Eine berührende Sexszene entsteht dann, wenn Intimität ausgedrückt wird. Sie muss nicht immer realistisch oder „normal" sein – denn Filme sind ja zum Träumen da –, aber sie sollte ein Knistern rüberbringen, das, was wir gerne die Chemie nennen und was nichts anderes ist als eben genau die spezielle Verbindung zwischen zwei Menschen, wenn sie miteinander intim sind. Wir wollen insbesondere das „Warum" dieser Verbindung erkennen können, das „Warum" dieser beiden Menschen. Und so kann die Intimität auch wieder den Bogen schlagen in die Realität, indem eine solche Szene uns zeigt, was alles möglich ist, wenn wir Nähe und Verletzlichkeit zulassen. Wenn sich unsere Gefühle und Gedanken, unsere Motivationen und Sehnsüchte ehrlich mitteilen und körperlich ausdrücken, in Verbundenheit. Gerade diese Filme und Serien hallen in uns nach. Sie sind mehr als nur Unterhaltung für den Augenblick, sie haben uns etwas zu sagen.

Den Zauber der Anziehung zwischen zwei Menschen auf der Leinwand darzustellen, passiert nicht von allein, sondern ist ein Zusammenspiel aus Regiearbeit, Schauspielhandwerk und Intimitätskoordination. Hier ist mein persönlicher Baukasten für Sex- und Liebesszenen:

Sex als Dialog zwischen zwei Körpern

Wenn Körper zueinander sprechen könnten, was würden sie beim Sex zueinander sagen? Diese Frage hört sich im ersten Moment etwas merkwürdig an, aber sie hilft einem, den darstellenden Körper als Stilmittel im Film zu begreifen und einen schnellen Zugang zu den Gefühlen, den Gedanken und den Beziehungsmotivationen zu finden, die immer hinter den körperlichen Handlungen liegen. Deshalb stelle ich diese Frage auch sehr oft, und es kommen meist schöne Ideen und Assoziationen als Antworten.

Alle Menschen sprechen Körpersprache, mit allem, was wir täglich so tun, und das sehr deutlich und unmissverständlich. Wir verraten uns nicht über die Worte, die wir sagen, sondern darüber, was unsere Körper erzählen. Das soziale Zusammenleben funktioniert über die Kongruenz zwischen unseren Worten, unserer Mimik und unserer Körpersprache – das schafft Vertrauen und Verlässlichkeit. Ist dieses Zusammenspiel nicht stimmig, dann irritiert uns das. Wenn in einer Szene jemand sagt „Ich liebe dich“, aber der Körper drückt genau das Gegenteil aus, dann haben wir sofort eine spannende Szene vor uns. Wenn Worte und Taten nicht übereinstimmen, dann sind wir gebannt von dem, was wir vor uns sehen: In Stephen Kings Psychothriller *Misery* fesselt die psychopathische Krankenschwester Annie ihren Lieblingsschriftsteller Paul ans Bett und zwingt ihn zum Weiterschreiben der von ihr heiß geliebten Romanserie. In einer furchterregenden Szene des Films sagt sie inbrünstig zu ihm: „Ich liebe dich.“ Im nächsten Moment holt sie aus und bricht ihm mit einem Hammer beide Knöchel, damit Paul auf keinen Fall fliehen kann. Dass Annie Paul nicht liebt, ist klar. Es sind ihre Taten, die die Wahrheit sprechen.

Gedanken und Gefühle, die Motivation und das „Warum“ eines Menschen – all das können wir im Körper lesen. Zwei junge Menschen, die ihr erstes Mal miteinander erleben; ein Paar, das schon lange zusammen ist und routiniert miteinander schläft, wobei sich einer oder beide vielleicht wieder mehr Feuer wünschen; zwei ältere Menschen, die mit ihren sich verändernden Körpern umgehen und neue Wege in der gemeinsamen Intimität finden müssen; zwei Menschen, die eine sexuelle Affäre haben, während sie sich tief in ihrem Innersten nach Liebe oder Geborgenheit sehnen – die Dialoge und Geschichten körperlicher Intimität sind so vielfältig wie die menschlichen Schicksale und Motivationen. Aber eins ist sicher: Sex ist in unseren Narrativen *immer* mehr als der körperliche Akt. Die körperliche Intimität ist immer externaler Ausdruck einer psychischen und emotionalen Motivation.

Wenn nicht klar ist, was sich im Inneren der Figur abspielt, was ihr „Warum“ ist, dann wird es auch nichts mit Chemie, Knistern, Erotik. Ein schönes Beispiel für die Chemie, die sich dialogisch entwickelt, ist der Spannungsaufbau vor der ersten Berührung, vor dem ersten Schritt in die Nähe. Eine Figur macht ein Beziehungsangebot, offenbart ihre Zuneigung, fragt die andere Figur nach dem Consent: Das kann ein Blick sein, der sagt „Ich liebe dich“. Es ist ein Moment der Selbstoffenbarung und der Verletzlichkeit – ein ungeheuer spannender Moment. Wie wird die andere Person antworten? Die Pause vor der Antwort darf gerne einen Augenblick dauern, so wird die Spannung erhöht.

Und hier sind wir schon mitten im Dialog der Intimität: Die Frage ist gestellt, da möchte jemand mehr, aber wie reagiert nun Person B? Wie lautet die Antwort? Findet eine Zurückweisung statt, oder ist die Antwort: Person B blickt einen Moment auf den Boden, ringt mit sich selbst, dann schaut sie auf, es folgt ein langer Blickkontakt mit Person A, dann tritt Person B ganz langsam an Person A heran, nimmt ihr Gesicht mit beiden Händen und küsst sie sanft auf den Mund? Und wie reagiert nun Person A auf diesen Kuss? Was macht dieser Kuss mit ihr? Wie geht dieser körperliche Dialog zwischen den beiden weiter?

Es gibt unzählige Varianten, wie zwei Menschen diesen Schritt in die Intimität machen. Wer berührt wen zuerst? Und wo wird zuerst berührt? Und wie wird berührt? Ist es ein Kuss? Ist es der kleine Finger von Person A, der fast unschuldig den Handrücken von Person B streift? So subtil, dass man es fast nicht bemerken würde?

Die Sexszene wie einen Dialog zu choreografieren, ist ein wunderbares Hilfsmittel, um Intimität zu inszenieren. Der Raum für Nähe wird geöffnet, die Magie kann entstehen. Aus einem hastigen „Augen zu und durch" wird ein zauberhafter Moment von Verbundenheit, der die Zuschauer berührt und mitnimmt in das Innenleben der Figuren.

Alles am richtigen Platz: Anatomische Authentizität

Dass Schauspieler die entsprechenden körperlichen Stellungen nur simulieren, ist bekannt. Diese Positionen einzurichten, ist gar nicht so schwierig, wie man denkt. Natürlich läuft das ziemlich technisch ab, es braucht Muskelkraft und Ausdauer und für die Schauspieler ist die Wiederholung der körperlichen Abläufe teils sehr anstrengend. Und obwohl wir mit Hilfsmitteln arbeiten, wie Schutzwäsche, Barrieren oder leicht verrückten Becken, damit Kontakt im Intimbereich nicht stattfindet, sieht es komplett realistisch aus.

Was die Szene authentisch macht und ihre emotionale Tiefe erzählt, ist weniger die Stellung, sondern die Details um die Stellung herum: der Flow der Szene und ihrer verschiedenen Gesten, das, was den Liebesakt charakterisiert und uns den Dialog der beiden Figuren erzählt: Rhythmus, Tempo, Nähe der Körper, Blicke, Berührungen, Küsse, kurz: die gemeinsame Intimität. Den Realismus liefern die Details in den einzelnen Momenten. Ein Beispiel: Was passiert genau in dem Augenblick, wenn die Penetration stattfindet? Was macht das mit der Frau? Was mit dem Mann? Welche Geräusche sind zu hören? Was macht der Gesichtsausdruck, welche Gefühle lesen wir dort? Wie bewegen die Figuren sich miteinander?

Hier lenke ich immer auch den Fokus auf Atem und Gewicht, auch das gehört zur Choreografie einer Sexszene dazu. Das macht sie authentisch. Da wir im Bereich von simuliertem Sex arbeiten, kann es vorkommen, dass ein Schauspieler sein Körpergewicht zurückhält, meist passiert dies aus Rücksichtnahme für die Person, die unten liegt. Das ist verständlich: Es ist eine exponierte Situation, man ist nah beieinander und möchte den Kollegen oder die Kollegin nicht erdrücken oder bedrängen. Aber wir brauchen dieses Gewicht, denn es erzählt Authentizität. Wenn ein Schauspieler sich zu sehr zurückhält, dann sieht man das später. Deshalb arbeite ich gerne mit einer externen Barriere wie einem kleinen Luftkissen. Das wird zwischen den Becken versteckt und ermöglicht es der oben liegenden (oder sitzenden) Person, ihr Körpergewicht loszulassen. Diese Schwere des Körpers kann man im fertigen Film sehen, sie erzählt Leidenschaft und Begehren. Wer das jetzt liest, schmunzelt vielleicht bei dem Bild eines halb aufgeblasenen Gymnastikballs zwischen zwei Unterkörpern. Aber dieser Ball hat schon viele leidenschaftliche Szenen ermöglicht, und er ist übrigens sehr bequem.

Die Leidenschaft einer Person zeigt sich auch sehr deutlich daran, wie sie atmet. Jeder erwachsene Mensch, der schon mal Sex hatte, weiß, was das mit unserer Atmung macht. Tiefer, kraftvoller, auch schneller: Unser Körper kommt auf Hochtouren. Am Atem lesen wir die Erregung des anderen ab, mit dem Atem können wir sogar selbst das Level unseres Lustempfindens steuern. Unser Atem hat Power, und für Filmsex bedeutet das: Schauspieler können und sollten ihren Atem ganz bewusst gestalten, wenn wir intime Szenen choreografieren.

Apropos Leidenschaft: Das hört sich alles so technisch und kompliziert an, wie soll man als Schauspieler da echt wirkende Gefühle zeigen? Das ist leichter als gedacht: Leidenschaft entsteht aus Tiefe und Bewusstheit der Intimität. Aus dem „Warum" der Berührungen und Bewegungen, den Gedanken und Gefühlen dahinter. Und dafür braucht es das genaue Gegenteil von schnellen, harten und großen Bewegungen. Feurige Leidenschaft braucht den intensiven Bezug beider Liebenden aufeinander, in körperlicher Nähe, bewusster Ausübung der Bewegungen und Berührungen miteinander: Blickkontakt, Gewicht und Atem. Erotik ist Sex mit Intention – und Erotik ist eine langsame, achtsame Intimitätspraxis.

Bonus: Solosex

Gerade bei Szenen, in denen eine Figur masturbiert, ist Authentizität wichtig, denn in diesen Szenen liegt ein spannendes Potenzial. Auch in ihnen vollzieht sich ein stiller Dialog, hier werden Gefühle und Gedanken erzählt, die die Figur mit sich selbst aushandelt. Natürlich tricksen wir: Die Hand liegt nicht wirklich im Schritt, ein Tiefschutz kommt zum Einsatz, manchmal auch künstliche Genitalien. Zwei bekannte filmische Beispiele dafür sind *Blau ist eine warme Farbe,* wo die Darstellerinnen künstliche Vulven tragen, und der dänische Film *Königin* (2019), in welchem der männliche Darsteller einen künstlichen Penis verwendet.[43]

Beim Darstellen von Masturbation ist der Schauspieler komplett allein und damit sehr verletzlich. In diesen Szenen tritt man am stärksten an die persönliche Intimsphäre des Darstellers heran, denn er agiert mit sich selbst, während um ihn herum das komplette Filmteam steht. Die Sorge dabei: Was, wenn alle denken, dass ich so auch privat masturbiere? Wie kann ich das von mir privat trennen und trotzdem überzeugend spielen? Das ist nicht schwer, wenn man die Szene gut probt, sie technisch sinnvoll baut, als eine Reise zum Höhepunkt mit klaren Stationen: Warum masturbiert die Figur? Was denkt und fühlt die Figur und wie äußert sich das körperlich, wie berührt sie sich? Wenn Partnerszenen wie ein Dialog sind, dann sind Masturbationsszenen wie ein Monolog: Und auch der hat immer einen emotionalen Unterboden.

Diese Reise zum Höhepunkt braucht ein lebendiges Innenleben, Bilder im Kopf, Gedanken, Gefühle und klare Momente. Und sie braucht Muskelspannung! Einen authentischen Orgasmus kann man körperlich wunderbar nachstellen: mit verschiedenen Spannungsleveln und Muskelkontraktionen. Wer jetzt an Bauchmuskeltraining denkt: So ähnlich funktioniert es auch. Manchmal lesen wir den Orgasmus am Bauch, manchmal breiten sich die Muskelkontraktionen im Körper aus – es kommt immer auf die Geschichte an, die erzählt wird. Auch ein authentischer Orgasmus ist Storytelling: Ist er schön und befreiend? Oder ängstlich und verkrampft? Ist er wie ein Raketenabschuss in die nächste Galaxie? Oder wie eine sanfte Welle, auf der die Figur lange surfen kann? Sehen wir die Kontraktionen im gesamten Körper? Oder ganz leise und subtil, im Zucken der Hände? Und damit kommen wir zu meiner Goldzutat für jede gute Liebes- und Sexszene …

Was machen die Hände?

Ein Blick auf die Hände sagt einem viel über das Innenleben einer Figur. Intime Hände sind bewusst eingesetzte, „sprechende" Hände. Ich bin in meiner Arbeit immer wieder begeistert, welche Erzählkraft allein die Hände haben und wie stark sich gerade eine intime Szene verändern kann, wenn wir nur die Hände etwas verändern und sie etwas anderes erzählen lassen. Braucht die Szene mehr Zartheit? Mehr Liebe? Manchmal reicht es schon, hierfür die Hände zu verändern. Braucht die Szene mehr Feuer und Intensität? Mehr Dominanz? Auch hier kann man die Gestik der Hände sehr bewusst einsetzen.

Die Hände sind für mich das Schweizer Taschenmesser für unsere Bilder von Intimität. Sie sind so stark und variabel, so erzählend, dass es möglich ist, jede Form von Intimität allein über eine Nahaufnahme der Hände zu erzählen. Die gleiche Geschichte könnten wir über Küsse allein nicht erzählen – es sind die Hände, die Bedeutung schaffen.

Das liegt in der Natur der Sache: Unsere Hände sind Greif-, Tast- und Sinnesorgan, ein vielseitiger Kontaktpunkt zwischen uns und anderen: vom Winken über Händeschütteln bis zur Umarmung, zum Händchenhalten, zur Vielfalt der Berührungen am Körper; sie können eine Klaviatur von Gefühlen und Haltungen ausdrücken: Trost, Fürsorge, Halt, Freundschaft, Zärtlichkeit, Liebe; sie können der Inbegriff von Geborgenheit sein. Genauso gut können Hände im Negativen agieren: Gewalt ausüben, Grenzen überschreiten, einen anderen Menschen bewegungsunfähig machen, sogar töten, Hände können Hass, Wut und Zerstörung ausdrücken.

Unsere Lippen sind da weniger ausdrucksstark. Wir können sie zwar variabel einsetzen und an verschiedenen Stellen des Körpers, die Lippen sind zudem als erogene Zonen klarer einsetzbar in einem romantischen und sexuellen Kontext. Aber die Hände sind vielschichtiger: Fingerkuppen, Finger, Handinnenfläche, Handrücken, Handseite, Handgelenk innen und außen … Und diese Kontaktflächen haben wir gleich doppelt zur Verfügung, sie werden verlängert durch die Arme – damit kann man körpersprachlich schon sehr viel anfangen!

Spannend wird es, wenn Lippen und Hände zusammenspielen: Fingerkuppen, die sanft und vorsichtig über eine Unterlippe streichen; oder Lippen, die zärtlich eine Handinnenfläche berühren. Erinnert sich noch jemand an den guten alten Handkuss? Da treffen zwei spannende Körperareale aufeinander.

Ähnlich wie die nackte Haut sind unsere Hände ein Kontaktpunkt zwischen innerer Gefühlswelt und körperlicher Verbindung mit einem anderen Menschen. Und sie sind Ausdruck von Menschlichkeit: Hier artikuliert sich konkret, ab dem Moment unserer Geburt, unser Bedürfnis nach Hautkontakt und Bindung. Wir fühlen mit unseren Händen, verbinden uns über sie mit einem anderen Menschen. Dabei erzeugen wir Oxytocin, das Bindungshormon, welches für unsere mentale und emotionale Gesundheit so ungemein wichtig ist. Hierin liegt eine fast poetische Kraft: Berührung bedeutet Menschwerdung. Wen wir liebevoll berühren, den sehen wir.

Neben dem Blickkontakt drücken wir gerade über unsere Hände körperlich den Kern von Intimität aus, tragen das, was wir im Inneren fühlen, ins Außen, in den haptischen Kontakt über die Haut: berühren und berührt werden, halten und gehalten werden.

Ich liebe es, in intimen Szenen Hände zu choreografieren: Sie können Gefühle verstärken und unterstützen, ihnen zusätzliche Nuancen und Textur geben. Die Töpferszene aus *Ghost* ist eine Szene, deren Intimität fantastisch über die Hände erzählt wird. Gleichzeitig haben Hände eine Freiheit, sind variabel in ihrer Bedeutung, zwischen Liebe, Zärtlichkeit, Freundschaft und Begehren. Spannend wird es dann, wenn die Hände etwas ganz anderes aussagen als der restliche Körper oder wenn sie im Gegensatz stehen zu dem, was gesprochen wird. So können wir Ambivalenz und Widersprüchlichkeit transportieren.

Einer der schönsten Filme, der uns etwas über die Bedeutung von Berührung erzählt, ist *Edward mit den*

Scherenhänden (1990), ein Film von Tim Burton mit Johnny Depp in der Hauptrolle als künstlicher Mensch Edward, der anstatt Händen riesengroße Scheren hat. Trotz der für Tim Burton üblichen Schrägheit und visuellen Extravaganz ist es ein zutiefst menschlicher Film und eine kluge Parabel über universelle Themen wie Akzeptanz, Ausgrenzung und Anderssein, über das Gute im Menschen. Selbstverständlich enthält der Film auch eine bittersüße Liebesgeschichte: Edward mit den Scherenhänden wird in seinem verwunschenen Schloss oberhalb der Stadt von einer Kosmetikvertreterin aufgestöbert, und sie nimmt ihn prompt in ihre Familie auf. Die Bewohner der Kleinstadt sind so fasziniert wie misstrauisch Edward gegenüber, und obwohl er versucht, sich zu integrieren, und durch seine Scherenhände sogar für einige Zeit zum Starfriseur avanciert, wird ihm seine eigene Naivität zum Verhängnis. Er ist im Herzen unschuldig wie ein Kind und kann nicht zwischen Gut und Böse unterscheiden; weil er helfen will, wird seine Nettigkeit gegen ihn verwendet, prompt steht er als Krimineller da und wird vom Mob der Anwohner verfolgt, sodass er zurück in sein Schloss flieht.

Edward verliebt sich während seiner Zeit mit den Menschen in Kim (Winona Ryder), die Tochter seiner Gastmutter. Auch sie verliebt sich in ihn, aber wie so oft handelt es sich um eine unmögliche Liebe. In einem herzzerreißenden Moment bittet Kim Edward, sie in den Arm zu nehmen und zu halten, was ihm aufgrund seiner gefährlichen Scherenhände nicht möglich ist. Kim findet einen Weg, Edward zu umarmen und seine Scheren so um sich zu legen, dass er sie nicht verletzen und sie sich an ihn schmiegen kann. In diesem Moment verstehen wir, dass Edward nie das Grundlegendste erleben wird, was Menschsein ausmacht: halten und berühren, Geborgenheit und vor allem Akzeptanz und ein Zuhause zu finden. Er wird nie intim werden, nie eine richtige Verbindung zu den Menschen aufbauen können. Während Edward Kim im Arm hält, sehen wir in einer Rückblende, dass er einst kurz davor war, von seinem Erfinder echte Menschenhände zu erhalten. Die Hände sollten ein Weihnachtsgeschenk werden, und wir sehen in Edwards kindlich-unschuldiger Reaktion, was dieser letzte Schritt zum Menschsein für ihn bedeutet. Als der Erfinder Edwards Gesicht mit den Fingern der künstlichen Hände berührt, gibt Edward seinen neuen Fingern einen zarten Kuss. Die Freude endet allerdings abrupt: Der Erfinder stirbt just in diesem Moment und während er zu Boden sinkt, schneiden Edwards Scheren, im Versuch, ihn zu halten, durch die Hände und zerstören sie. Damit ist sein Schicksal besiegelt. Er wird nie erfahren, was es bedeutet, mit den Händen zu berühren, Mensch zu sein. Nicht einmal Abschied nehmen kann Edward von seinem Erfinder: Beim Versuch, ihn mit seinen Scheren zärtlich zu streicheln, schneiden die Scheren in die Haut. Edwards tiefe Sehnsucht und seine Tragik als unvollständiger Mensch bilden das emotionale Herz des Films.

Obwohl der Film ein Märchen ist, trifft er, alleine über dieses starke Bild des schüchternen Außenseiters, der sich nach Liebe und Anschluss sehnt, aber nie echte Berührung erfahren wird, den Kern unseres Sehnens: Liebe, Angenommensein, in den Arm genommen werden, Zärtlichkeit, Verbindung und Zugehörigkeit. Wir möchten berühren und berührt werden und über die Berührungen eine tiefe Verbindung zu anderen Menschen erfahren.

Der Zauber der Zärtlichkeit

Zärtlichkeit ist eine der schönsten Qualitäten, die eine Berührung haben kann, entsprechend gerne verwende ich zärtliche Berührungen in der Choreografie von intimen Szenen. Zärtliche Hände, zärtliche Blicke, zärtliche Küsse, selbst sexuelle Handlungen, die in ihrem Ausdruck zärtlich sind, geben jeder körperlichen Intimität Tiefe, Textur, Nuanciertheit. Ähnlich wie die Intimität selbst ist auch die Zärtlichkeit als Eigenschaft nicht sofort eindeutig zu definieren: nicht Liebe oder Sex, aber auch nicht Romantik oder Sinnlichkeit. Zärtlichkeit ist eine Haltung, die sich körperlich ausdrückt und die wir lesen können, wenn wir sie beobachten. In der inneren Haltung hinter dem zärtlichen Ausdruck sind enthalten: Fürsorge, Feingefühl, Liebe, Wohlwollen, Wärme, Warmherzigkeit, Beschützen, Kümmern, Umsorgen. Wir haben es hier mit einer Sanftheit und Weichheit zu tun. Freud und die Psychoanalyse beschreiben Zärtlichkeit als Ausdruck der Eltern-Kind-Liebe, also klar im Sinne einer fürsorglichen, sich kümmernden, auch einer beschützenden, nährenden Liebe der Eltern zu ihren Kindern. Diese elterliche Zärtlichkeit zeigt sich in kuscheln, in den Arm nehmen, streicheln, liebevoller Sprache. Auch in der partnerschaftlichen Liebe unter Erwachsenen existiert diese Zärtlichkeit, neben dem anderen Aspekt erwachsener Liebe, der Sinnlichkeit.

Wir können Zärtlichkeit auch nicht sexuelle Berührung nennen: Sie tut uns gut, ist gesund für uns, macht uns glücklich. Es scheint sogar einen Zusammenhang zu geben zwischen der Zufriedenheit in einer Beziehung und der Häufigkeit der zärtlichen Berührungen zwischen den Partnern: Je mehr zärtliche, liebevolle Berührungen im Alltag, desto besser.[44] Das gilt übrigens für Frauen und für Männer gleichermaßen und widerlegt das Geschlechterklischee, das besagt, dass Frauen eher das Sanfte, Zärtliche mögen, die Romantik, die Weichheit, während Männer angeblich eher dem Sex zugetan sind und mit Zärtlichkeit und Sanftheit nichts anfangen können. Es stimmt nicht. Unser Bedürfnis nach Zärtlichkeit wie auch unser Bedürfnis nach Intimität sind ein Teil von uns allen.

Es ist das, was Jed Diamond in seiner Arbeit mit Männern als „sicheren Hafen“ beschreibt, den sich Männer noch mehr wünschen als Sex und den sie in der Zärtlichkeit der Umarmung ihrer Partnerin finden. Wenn ich Menschen, die nicht verpartnert sind, danach frage, was sie am meisten vermissen, dann sagen sie nicht „Sex“; sie sagen „Intimität“. Sie sagen: „Ich vermisse die Zärtlichkeit, das Kuscheln, ich vermisse es, im Arm gehalten zu werden.“

Darum geht es uns Menschen, und das ist Menschsein.

Umso wichtiger sind mediale Bilder von Zärtlichkeit, die authentisch sind und diesem wichtigen Ausdruck von Intimität ihren Platz geben. Gerade bei Szenen mit körperlicher Intimität ist Zärtlichkeit wichtig. Hier können wir emotionale Intimität erzählen, Bindung und Nähe, und dies in einer sehr berührenden Qualität von Fürsorge und echter Zuneigung.

Auch bei expliziten Sexszenen können intime Berührungen sehr zärtlich in ihrer Intention sein. Zärtlichkeit drückt dann eine innere Haltung aus, die dem Kontakt eine spezielle Färbung gibt, und diese Szenen bekommen dadurch eine Tiefe, die uns berührt. Eine solche Darstellung von Körperlichkeit holt uns als Publikum ab, weil wir verstehen, dass gerade etwas Magisches zwischen den Figuren entsteht.

Nicht immer gelingt es den medialen Bildern von Intimität, Zärtlichkeit zu vermitteln. Es fehlten lange das Handwerk und der geschulte Blick auf die authentische Mischung aus lauten und leisen intimen Tönen. Auch die Zärtlichkeit hat es, ähnlich wie die Intimität, schwer in Zeiten von „Sex sells". Und doch gibt es sie, diese leisen Momente voller Bedeutung und Zärtlichkeit. Einer davon wurde 2004 von den Zuschauern der BBC zum besten Fernsehmoment gekürt: Es ist die Kussszene aus der britischen TV-Serie *North & South* (2004), die gleichzeitig das Happy End für die beiden Protagonisten einläutet. Für mich zählt sie nicht nur zu einer der besten Kussszenen im Fernsehen, sondern sie fällt außerdem auch durch eine große Zärtlichkeit und sehr bewusste Berührungen auf. Durch Blicke, Berührungen und Lippenkontakt werden in dieser Szene neben den Gefühlen von Liebe auch Momente von Fürsorge, Freundschaft und Bindung deutlich. Selbstverständlich verrate ich keine weiteren Details, aber ich spreche an dieser Stelle gerne eine Empfehlung aus!

Kiss me, Baby! Richtig gute Filmküsse

Nicht jede intime Szene braucht Küsse, um gut zu sein – aber ein guter Kuss kann einer Szene etwas ganz Besonderes geben. Die Betonung liegt auf „gut", und ein guter Kuss ist ein *bewusster* Kuss, ein erzählender Kuss, ein Kuss, der

Gewicht hat. Ein Kuss ist nicht so vielseitig einsetzbar wie die aussagekräftigen Hände, aber die Bandbreite ist trotzdem groß: Er kann Liebe genauso ausdrücken wie Leidenschaft, Zärtlichkeit, Begehren, tiefste Gefühle bei gleichzeitiger körperlicher Lust.

In der Geschichte unserer medialen Bilder wurde der Kuss immer wieder zensiert, denn er galt als zu sinnlich, zu heiß, zu erotisch, gar als Symbol für den Geschlechtsakt, in einer Zeit, in der Sex auf der Leinwand tabu war. Bereits der erste Filmkuss war ein handfester Skandal: *The Kiss* (1896), ein Stummfilm von Thomas Edison, der eine aus heutiger Sicht unschuldige, zärtliche, fürsorglich-partnerschaftliche Annäherung zweier nicht mehr ganz junger Menschen zeigt. Die Küsse der beiden sind klein, zart, sogar jugendlich verspielt und irgendwie niedlich anzusehen. „Ekelhaft!“, lautete das Urteil der damaligen Filmkritik, und die katholische Kirche forderte umgehend Zensur und scharfe Konsequenzen. Für das damalige Empfinden war es einfach nur unmoralisch und verwerflich, diese Handlungen öffentlich zur Schau zu stellen.

Später, im Tonfilm des klassischen Hollywoods, geriet der Kuss zunehmend zum Symbol für den Liebesakt, den zu zeigen lange Zeit verboten war. Aber das Publikum wusste, was da eigentlich erzählt wurde. Bis heute lebt diese narrative Tradition als Echo fort in unseren Bildern: immer dann, wenn zwei Figuren sich im Film küssen und anfangen sich auszuziehen. Wir verstehen, was als Nächstes passiert, aber der Film blendet das aus.

Es gibt verschiedene anthropologische Theorien, warum wir Menschen eigentlich küssen: Tun wir es als instinktive

Reminiszenz an die lange Zeit übliche elterliche Mund-zu-Mund-Fütterung? Liegt die Funktion des Kusses in einem Austausch genetischen Materials? Oder ist es eine kulturelle Praxis, die wir beibehalten haben, weil damit so schöne Gefühle verbunden sind? Nehmen wir einfach an, dass die Wahrheit eine Mischung aus allem ist.

Küssen ist vor allem eine unglaublich schöne Sache, es gibt uns ein gutes Gefühl. Unsere Lippen zählen zu den erogenen Zonen, sie sind hochsensibel und berührungsempfindlich mit vielen Nervenrezeptoren, die beim Küssen einen starken biochemischen Cocktail aus Dopamin, Serotonin und Oxytocin auslösen. Küssen stimuliert das Belohnungszentrum unseres Gehirns. Die Glücksgefühle, das Rauschhafte, das man mitunter empfindet, wenn einen ein Kuss komplett um den Verstand bringt, liegt auch daran, dass Küssen die gleichen Gehirnareale aktiviert wie Drogenkonsum – wenngleich es sanfter wirkt und langfristig gesünder ist. Küssen macht glücklich, es stabilisiert Bindung und Beziehung und es reduziert vor allem Stress, was in unserer schnelllebigen Zeit wirklich etwas wert ist.[45]

Eins jedoch sind Küsse nicht: selbstverständlich! Als Intimitätskoordinatorin muss ich manchmal kämpfen, um Kussszenen choreografieren zu dürfen. Denn oft glauben Verantwortliche, dass sie mich nur für die „richtigen“ Sexszenen holen müssten und dass sich die Kussszenen doch eigentlich von allein gut managen lassen, dass sie sicher seien. Der Kuss gilt als leichte Intimität, das kriegen die Schauspieler bestimmt allein hin und überhaupt: Jeder hat doch schon mal geküsst und weiß, wie das geht, oder?

Das stimmt so nicht, und den meisten Schauspielern fällt es auch nicht leicht, denn hier wird eine intime Schwelle überschritten. Viele Schauspieler sagen mir sogar, dass sie mit Sexszenen weniger Probleme hätten als mit Kussszenen. Denn anders als bei Sexszenen, wo wir immer tricksen und Barrieren zwischen den Schauspielern platzieren können, ist beim Kuss der Lippenkontakt echt. Und dieser echte Lippenkontakt bedeutet, dass die Körper der Schauspieler auch echte biochemische Prozesse produzieren und erleben, die Ausschüttung von Dopamin, Serotonin, Oxytocin. Der Körper kann echte Zeichen von Erregung produzieren, weil er das Spiel als echt erlebt. Dagegen kann man sich nicht wehren, es sind Reflexe, die da ablaufen. Und ja: Man kann sich im Kontext dieses Kusses auch ein bisschen in seinen Spielpartner verlieben – zumindest auf der körperlichen Ebene.

Wenn ich einen Kuss choreografiere, dann ist es immer wieder spannend zu sehen, wie nuanciert dieser Lippenkontakt sein und was man dadurch alles erzählen kann. Auch hier gelten die Zutaten für eine Intimität, die zu uns spricht, die uns etwas erzählt und uns authentisch berührt. Wenn der Kuss kein Kuss wäre, sondern ein Dialog, was würden sich die beiden dann sagen? Wer küsst wen zuerst und warum? Und was erzählt dieser Lippenkontakt? Wie antwortet die andere Person auf diesen Kuss? Wo wird eigentlich geküsst, mit welchem Lippendruck, offen oder geschlossen? Und was verändert der Kuss zwischen den beiden Menschen? Und meine Lieblingsfrage: Was machen eigentlich die Hände, während sich die Lippen berühren? Sind die Augen geschlossen, oder gibt es Momente mit Augenkontakt? Was macht die Zunge?

Um gute Küsse zu erzielen, die eine Geschichte erzählen, bewährt sich auch hier die Regel: Weniger ist mehr, und bewusster ist tiefer. Brauchen wir mehr Zärtlichkeit, mehr Leidenschaft, mehr Feuer oder mehr Liebe im Kuss, dann lohnt es sich, Küsse zu verlangsamen und bewusster zu platzieren, sich den Dialog genau anzusehen, der da erzählt wird.

Und: Muss eigentlich immer auf den Mund geküsst werden? Ich sage Nein, ganz im Gegenteil! Die Bilder des Lippenkusses sind ein stereotypes Narrativ. Küsse an anderen Stellen des Körpers können manchmal viel interessanter, erzählender und aussagekräftiger sein. Es kommt ganz auf den Kussdialog an, den die beiden Figuren da miteinander führen.

Wir alle haben unsere Lieblingsküsse in Film oder Fernsehen. Ich persönlich mag auch einen Kuss aus dem Film *Die fabelhafte Welt der Amélie* (2001), den ich bereits erwähnte als charmantes Beispiel für die Magie des Kinosaals und der Katharsis, die wir bei unseren Geschichten und Bildern in einem sicheren Raum erleben dürfen. Amélie, diese etwas eigensinnige junge Frau, die sich gerne im Kino umdreht und auf den Gesichtern der anderen Menschen im Kinosaal die Gefühle abliest, erlebt am Ende des Films ihr persönliches Happy End mit Nino. Aber die beiden küssen sich nicht so, wie man es klassisch gewohnt ist, in Form des lang gehaltenen Kusses auf die Lippen. Amélie setzt vorsichtig jeweils einen Kuss auf Ninos Wange, Hals, Schläfe und auf den Rand seines Mundes – auf den Rand der Lippen, nicht auf die Lippen selbst. Dann leitet sie ihn umgekehrt an und zeigt nach und nach auf ihre Wange, ihren Hals, die Schläfe und den Rand ihrer Lippen. Nino setzt jeweils einen Kuss. Auch wenn diese Szene einen Hauch von Poesie und erzählerischer Fantasie hat: Hier wird endlich mal anders geküsst, als man es sonst kennt. Und was diese Szene sehr ausdrucksstark und selbstverständlich auch sehr romantisch macht, sind der für uns sehr deutlich lesbare stille Dialog zwischen Amélie und Nino und die Zärtlichkeit und Achtsamkeit, mit der beide vorgehen und sich küssend vortasten. Die Platzierung der Küsse ist ganz und gar nicht zufällig, sondern genau choreografiert, mit dem Ziel, unterschiedliche Nuancen von Intimität zu zeigen: Freundschaft (Wange), Sinnlichkeit (Hals), Fürsorge und Zärtlichkeit (Schläfe) und den möglichen Beginn einer romantischen Liebe (Mundrand). Was man in diesem stillen Dialog, dem gemeinsamen Entdecken und schrittweise Vortasten der beiden außerdem im Unterboden abbildet, ist ein Aspekt, der in der Intimität und auch in meiner Arbeit ein zentrales Thema ist: der Consent, also die Einvernehmlichkeit der intimen Handlung zwischen zwei Menschen.

NUR JA HEISST JA: VON CONSENT UND GRENZÜBERSCHREITUNGEN

Consent bezeichnet auf Deutsch das Einwilligen, seine Erlaubnis geben – und es ist eigentlich eine selbstverständliche Sache: Wir wissen, wie das geht, um Erlaubnis fragen, bevor man etwas tut: „Darf ich …?“ Wir warten die Antwort unseres Gegenübers ab. Bevor wir einen Vertrag unterzeichnen, lesen wir ihn uns durch, damit wir wissen, was wir da unterschreiben und zu was wir Ja sagen. Vor einer Operation werden wir über Chancen und Risiken aufgeklärt und erst wenn wir alle Informationen haben, geben wir unser Einverständnis. Drei alltägliche Beispiele von Consent-Praxis.

Und in der Intimität? Hier bezeichnet Consent die Einvernehmlichkeit zweier Menschen, insbesondere in der körperlichen Nähe. Es geht um einvernehmliche sexuelle und intime Handlungen, die Erlaubnis zur Berührung, um persönliche Grenzen und die Achtung derselben. Um achtsamen Dialog und Austausch miteinander zur gemeinsamen Intimität.

Nicht erst seit #metoo ist Consent im zwischenmenschlichen Kontakt ein Thema, das uns alle angeht, unabhängig von Geschlecht, Alter, Beziehungsstatus oder sexueller Orientierung. Alle Geschlechter erleben Grenzüberschreitungen und wir stehen alle jederzeit in der Verantwortung, Consent zu erfragen, zu praktizieren und persönliche Grenzen zu respektieren.

Studien zeigen trotzdem deutlich die größere Betroffenheit bei Frauen und nichtbinären Menschen: Fast jede erwachsene Frau (97 %) oder nichtbinäre Person (95 %) in Deutschland erlebt im Laufe ihres Lebens mindestens einmal sexualisierte Gewalt. Die Zahl der Femizide steigt: Jeden Tag versucht ein Partner oder Expartner, eine Frau zu töten. Und jeden dritten Tag stirbt eine Frau durch Gewalt des Partners oder Expartners.[46] Aber auch über die Hälfte der Männer (55 %) machen im Laufe ihres Lebens mindestens einmal eine Erfahrung mit sexualisierter Gewalt.[47]

Diese Zahlen müssen uns zu denken geben, und es ist wichtig, dass wir über dieses Thema sprechen, denn es gab in diesem Bereich lange kein Problembewusstsein – was in Anteilen auch an den Bildern von Intimität liegt, die uns lange Zeit ein problematisches Verständnis von (fehlendem) Consent geliefert haben und es teils bis heute noch tun.

Bis in die 1990er-Jahre hinein wurden uns noch sehr traditionelle Rollenbilder von Männern und Frauen in den Medien vorgesetzt. Ein übliches Narrativ war dabei, dass ein bisschen Übergriffigkeit durchaus sexy sein könne. Ein „echter Kerl" wirbt aktiv, auch etwas aggressiv, um eine Frau, die ihn erst mal kühl abtropfen lässt, sich etwas wehrt, ihn aber in Wahrheit ja auch begehrt. Er muss nur hartnäckig bleiben und lange genug kämpfen, dann wird sie irgendwann weich. Was sich liebt, das neckt sich, ihr anfängliches Nein war in Wahrheit ein Ja.

Ein fatales Zerrbild, vor dem auch Blockbuster nicht gefeit sind. In *Das Imperium schlägt zurück* (1980), Teil 5 der bekannten *Star-Wars*-Filme, giften sich Prinzessin Leia (Carrie Fisher) und der verwegene Schmuggler Han Solo (Harrison Ford) erst mal lange Zeit an. Die Chemie flirrt, er zieht sie auf, behauptet immer wieder, sie würde ihn gut finden, provoziert sie so sehr, dass sie in einer anderen Szene als Gegenprovokation Luke Skywalker (Mark Hamill) auf den Mund küsst. Und dann sind Han und Leia irgendwann allein im Raumschiff. Er massiert ihre verletzte Hand, sie sagt ihm, dass er aufhören solle, während sein Gesicht sich ihrem nähert und er ihr verbal mitteilt, dass sie doch eigentlich auf Schurken wie ihn stehen würde. Das klassische Motiv des „Bad Boys". Sie verneint das, während sie gleichzeitig wie in Trance in der Situation bleibt. Das ist kein Consent. Leias stummes Stillstehen erinnert an die

Traumareaktion „freeze“ (Totstellen): Sie willigt nicht ein, wehrt sich aber auch nicht, sondern lässt Annäherung und Kuss über sich ergehen. Sie steht buchstäblich mit dem Rücken zur Wand.

Wenn wir in eine Gefahrensituation geraten, dann agieren wir instinktiv im Schock. Psychologen unterscheiden vier Trauma- oder Stressreaktionen: Die bekanntesten sind fight (Kämpfen), freeze (Totstellen), flight (Flüchten). Eine vierte mögliche Reaktion, etwas weniger bekannt, ist „fawn“, das bedeutet so viel wie „gefällig sein“, harmonisieren, sich unterwerfen. Manchmal sagen wir auch neudeutsch „people-pleasing“. Man tut so, als würde man mitmachen, möglichst freundlich und non-konfrontativ reagieren, damit man die Situation überlebt. Bekannt ist hier auch das „Stockholm-Syndrom“, bei dem sich Opfer von Verbrechen mit den Tätern solidarisieren. Es ist wichtig, diese menschlichen Traumareaktionen zu kennen, denn sie sind die Antwort auf die leider bis heute gestellte Frage im Kontext von Grenzverletzungen: „Warum hast du dich nicht gewehrt?“

So sehr *Star Wars* Kult ist, so sehr Harrison Ford und Carrie Fisher damals Chemie miteinander hatten, so kritisch muss man aus dem heutigen Blickwinkel auf Szenen wie den Kuss zwischen Han und Leia blicken. Diesem Bild fehlt jegliche Intimität, weil der Consent fehlt. Nur ein klares Ja bedeutet auch Ja.

Theoretisch hätte er sie auch einfach fragen können: „Hey, ich würde dich gerne küssen. Darf ich?“ Ist das sexy? Nein. Intim leider auch nicht. Aber das liegt auch daran, dass Han und Leia eigentlich nie wirklich miteinander sprechen und bei genauerem Hinsehen überhaupt keine echte Verbindung aufbauen können. Ihre Beziehung basiert auf dem berühmten Drama von Spannung und „Was sich liebt, das neckt sich". Beide sind Archetypen: er der „einsame Cowboy", sie die „kühle Prinzessin". Sie sind nicht auf Augenhöhe miteinander, sondern tragen Statuskämpfe aus. Auch dieser Moment, in dem sie endlich mal in Ruhe reden könnten, gerät zu einem verbalen Sparring. Insofern wäre es gegen seine Art gewesen, wenn Han Solo gefragt hätte. Dennoch hätte Leia dann überlegen und ein klares Statement abgeben können. Aber Han Solo fragt nicht, er redet auf Leia ein und geht über die Grenze, bis sie mitgeht. Dies ist ein klassisches, stereotypes Narrativ. Es tut beiden Geschlechtern unrecht, und es ist, abgesehen von möglichen strafrechtlichen Konsequenzen, schädlich: Es ist fatal, zu behaupten, dass ein Geschlecht Grenzen überschreiten sollte, die als Grenzen keine Gültigkeit haben, denn das andere Geschlecht tut nur so, das Nein ist bedeutungslos. Und wenn eine Person nur lang genug insistiert und die persönliche Grenze am Körper der anderen Person überschreitet, dann klappt das mit – ja, mit was klappt es dann? Mit Sex? Oder mit Liebe, Romantik, Beziehung oder mit echter Nähe und Intimität?

Nach dem Kuss verliebt sich Leia in Han – auch dies ein stereotypes und schädliches Narrativ: Ist die körperliche Grenze erst einmal überschritten, dann kommen die Gefühle schon irgendwie dazu, er wird für seine Aggression belohnt und dann entsteht eine Liebesbeziehung.

Sex ohne explizite Zustimmung gilt in 14 Mitgliedsstaaten der EU als Vergewaltigung. Die restlichen Mitgliedsstaaten, darunter auch Deutschland, verwenden strafrechtlich (noch) die Formulierung „Nein heißt Nein“, das heißt, der Straftatbestand der Vergewaltigung ist gegeben, wenn eine Person die sexuelle Handlung erkennbar *nicht* wollte. Diese Regelung ist kritisch zu bewerten, denn wie soll bewiesen werden, dass jemand die Handlung nicht wollte? Wenn die betroffene Person nicht in der Lage war, zu sprechen oder sich zu wehren? Wenn sie bewusstlos war, alkoholisiert oder unter K.-o.-Tropfen stand? Wenn kein Consent, keine aktive Zustimmung erfolge, so der Wunsch der EU, dann handele es sich um Vergewaltigung.[48]

Consent gilt dann als gegeben, wenn fünf Kriterien erfüllt sind, die in der englischsprachigen Aufklärungsarbeit mit dem Akronym „FRIES“ (Fritten) zusammengefasst werden.[49] Nur wenn alle fünf dieser Bedingungen gemeinsam erfüllt sind, liegt Zustimmung vor. Zudem ist Consent eine Momentaufnahme, die Einvernehmlichkeit sollte immer wieder überprüft werden.

CONSENT = FRIES

F Freiwillig

Ich muss in der Lage sein, meine Einwilligung komplett freiwillig zu geben. Das bedeutet, ich bin frei von jeglichem Zwang, jeglicher (auch subtiler) Einflussnahme durch andere Menschen, werde nicht genötigt oder unter Druck gesetzt, einzuwilligen. Ich bin außerdem im vollen Besitz meines Urteilsvermögens, das heißt, ich bin bei vollem Bewusstsein und stehe nicht unter dem Einfluss von Alkohol oder anderweitigen Substanzen, die mein Urteilsvermögen beeinträchtigen könnten. Wenn ich schlafe, bewusstlos oder betrunken bin, kann ich keinen Consent geben.

R Reversibel (jederzeit widerrufbar)

Ich kann mein Einverständnis jederzeit zurückziehen, ohne Angabe von Gründen und ohne mich für meine Entscheidung rechtfertigen zu müssen. Wenn ich in einem Moment Ja gesagt habe, dann habe ich das Recht, im nächsten Moment dieses Ja zurückzuziehen.

I Informiert

Ich muss wissen, wozu ich Ja sage, und mir müssen alle Informationen vorliegen, die ich brauche, um hinter meinem Ja stehen zu können. Das beste Beispiel ist hier die Patientenaufklärung vor einer Operation, in der einem alle Chancen und Risiken des Eingriffs erklärt werden, bevor man mit der Unterschrift sein Einverständnis gibt. Auch in anderen Situationen, in denen man sein Einverständnis gibt, muss man alle Informationen vorliegen haben, um Ja oder Nein sagen zu können.

E Enthusiastisch

Ich stehe hinter meiner Einwilligung. Mein Ja ist eindeutig, proaktiv, involviert, ein ehrliches Ja, mit dem ich meinen ausdrücklichen Willen artikuliere. Ein Vielleicht ist kein Ja, es ist ein Nein. Und auch ein „Ist schon okay so“ ist kein Ja, genauso wenig wie ein Überredetwerden. Ich muss es von mir aus, enthusiastisch, wollen. In unserem modernen Jargon gesprochen würde ich sagen: „Ich stehe da zu hundert Prozent dahinter.“ Das ist ehrlicher, aktiver Consent.

S Spezifisch
Ich willige in eine spezifische, klar definierte Sache ein, und meine Einwilligung bezieht sich auch nur auf diese Sache. Konkret bedeutet dies, dass ich Ja sagen kann zu einem Kuss, aber darin enthalten ist nicht, dass ich Ja sage zu Sex. Wenn eine Person in etwas einwilligt, kann man daraus nicht schließen, dass sie auch in andere Dinge einwilligen würde.

Consent bedeutet: Jeder Mensch hat die Autonomie über seinen Körper und das Recht, in jedem Moment frei zu entscheiden. Dieses Bewusstsein ist in unserer Gesellschaft noch nicht selbstverständlich. Wenn ich Vorträge halte, in denen ich erkläre, was Consent ist, dann ernte ich immer noch Erstaunen. Schauspieler hören manchmal zum ersten Mal, dass sie Grenzen haben dürfen, das Recht haben, Nein zu sagen. Produktionsfirmen schlucken manchmal und sagen mir sinngemäß: „Aber der Schauspieler hat doch den Vertrag unterschrieben, jetzt muss er die Sexszene auch spielen."

Ich habe Verständnis für die Notwendigkeit der Planbarkeit, aber intime Szenen sind Hochrisikoszenen mit einem realen psychischen Verletzungsrisiko. Man kann einen Menschen nicht gegen seinen Willen dazu zwingen, zu küssen oder fast nackt eine Sexszene darzustellen. Das wäre sexuelle Nötigung, und jeder Schauspieler könnte hier Anzeige erstatten. Man muss das Thema anders angehen, indem man rechtzeitig einen professionellen Arbeitsprozess einzieht, der Consent fortlaufend absichert. Aus Erfahrung kann ich sagen: Der Schlüssel liegt in der geschickten Planung und in der Klarheit der Dinge. Hier kann Consent stattfinden, aber nicht in einer Drucksituation. Erst wenn Nein eine Option ist, kann ich einem Ja vertrauen.

Der Consent-Check

Der Kern jeder gesunden Intimität ist die Einvernehmlichkeit auf Augenhöhe, ist der Consent. Deshalb setzt auch die Arbeit der Intimitätskoordination hier an. Wir treffen genaue Vereinbarungen zu Nacktheit, Berührungen am Körper und zu den simulierten intimen Handlungen, die dargestellt werden. Schon in der Vorbereitungszeit und insbesondere dann bei den Proben und beim Dreh ziehe ich verschiedene Arbeitsschritte ein, die jedem Schauspieler die Macht geben, klar seine Grenzen zu benennen und sich dabei sicher zu fühlen.

Konkret bedeutet das, dass wir vor intimen Szenen einen Consent-Check machen. Alle beteiligten Schauspieler zeigen am eigenen Körper, wo sie an diesem Tag Berührung erlauben und wo nicht. Das ist tagesformabhängig, persönliche Grenzen können sich verschieben, deshalb ist es wichtig, die Einvernehmlichkeit fortlaufend sicherzustellen: Selbst wenn bei einer Probe alles gut läuft, bedeutet das nicht, dass die gleichen Grenzen auch für den Dreh gelten. Ich kläre deshalb vor jedem körpernahen Arbeiten, vor einer Probe und dann wieder vor dem Dreh, die persönlichen Grenzen der Schauspieler ab. Diese Grenzen sind nicht nur kein Problem, sondern im Gegenteil, sie sind richtig und gut, genau so, wie sie sind. Jedes Nein ist der Türöffner für ein ehrliches Ja und bringt uns einer guten Choreografie näher, während wir gleichzeitig die Schauspieler, die sich in eine exponierte Position begeben und in diesem für sie hochsensiblen Bereich arbeiten, schützen.

Bilder von Ja und Nein

Im Film kommt es aktuell noch selten vor, dass bei intimen Szenen Consent verbalisiert wird, dass eine Figur fragt und die andere antwortet. Meist wird das Einvernehmen in Liebesszenen nonverbal ausgedrückt, durch Mimik, Gestik, zustimmende Laute, den Blickkontakt, die Körperhaltung. Allerdings denken wir Consent immer mit, denn wir erarbeiten das Geschehen wie einen Dialog, sodass die innere Motivation einer Figur klar ist und auch deutlich wird. Dadurch kommen wir automatisch immer zu dem Moment, in dem Figur A das Angebot zur Nähe macht und Figur B dieses Angebot annimmt und ihrerseits in die Aktion geht.

Dieser innere Consent-Dialog wird genau ausgearbeitet und in den Proben anhand eines Fragenkatalogs herausgeschält: Wer fragt? Wann und wie? Wie wird das ausgedrückt? Und wer sagt wie Ja? Wie geht es dann weiter? Gibt es irgendwann auch ein Nein? Und wie geht die andere Person dann damit um?

Diese intime Kommunikation über Consent kann wunderschöne narrative Momente schaffen und zwei Figuren noch stärker miteinander verbinden. Mittlerweile sieht man solche Dialoge auch in den medialen Bildern, was mich sehr freut. Die viel gelobte Serie *Normal People* gehört dazu, ebenso die Netflixserie *Sex Education*, die eine meiner Lieblingsszenen zum Thema Consent und Kommunikation enthält: Maeve, eine der Hauptfiguren, wird zum ersten Mal intim mit ihrem Freund Isaac, der im Rollstuhl sitzt. Da sie noch nie mit einem Menschen, der eine Behinderung hat, intim war, fragt sie ganz einfach: Wie funktioniert das? Was fühlst du wo? Wie kann ich dich berühren?

So tasten sich die beiden Schritt für Schritt vor. Die Szene hat weder etwas Unangenehmes, noch mutet der Dialog der beiden ungewöhnlich an. Im Gegenteil: Die Szene wirkt liebevoll, und sie wirkt erfrischend selbstverständlich und normal. Hier wird nicht nur ein schönes Bild von Inklusion gesetzt, sondern das Thema Consent empathisch, kreativ und mit einer Leichtigkeit gesetzt.

Dass wir über Zustimmung und Einvernehmlichkeit reden – und wie wir darüber reden –, ist eine relativ neue Entwicklung, aber es ist wichtig und es geht uns alle an. Gerade in der medialen Vermittlung von Bildern liegt hier eine besondere Verantwortung. Bis heute prägen uns Erzählungen mit einer gegensätzlichen Botschaft: dass fehlender Consent gut und sexy sein könne, ja sogar die Basis für Liebe, Intimität und Beziehung. Auch moderne Romantikfilme wie *Wie ein einziger Tag* (2004) bedienen dieses fatale Klischee: das Drängen und Insistieren der männlichen Figur, in diesem Fall sogar emotionale Erpressung über die Grenze eines ausdrücklichen Neins hinweg; eine Erpressung, die mit einer Verabredung belohnt wird: Noah (Ryan Gosling) droht, sich vom Riesenrad zu stürzen, wenn Allie (Rachel McAdams) nicht einwilligt, mit ihm auf ein Date zu gehen. Sie willigt aus Schuldgefühl ein, obwohl sie Noah nicht kennt und mit jemand anderem liiert ist. Interessanterweise findet sich auch dieser Film oft in den Top-10-Listen der größten Romantikfilme bzw. der Filme mit der „heißesten“ Liebesszene – das ändert sich zum Glück und mittlerweile wird auch das Ungesunde der Beziehung zwischen Noah und Allie benannt.

Dass ausgerechnet diese Liebesszene früher gerne gelobt wurde, hat mich persönlich immer etwas perplex gemacht, denn sie erzählt weder echte Leidenschaft noch Intimität noch Verbindung – noch Consent. Inszeniert wird Drama im Regen: Noah überrumpelt Allie mit einem Kuss, während sie in den nassen Kleidern friert, es folgen die üblichen Klischees: Er trägt sie ins Schlafzimmer, viel zu fahrig, man reißt sich die Kleider vom Leib und begeht den Fehler, Tiefe und Leidenschaft durch Schnelligkeit herstellen zu wollen. Dann sehen wir die übliche Körper-auf-Körper-Konstellation, die uns – genau – nichts erzählt. Wieder einmal. Es ist zum Verzweifeln – und beide Darsteller waren sogar noch im wahren Leben ein Paar. Auch hier erweist sich wieder: Eine irgendwie privat vorhandene oder nicht vorhandene Chemie spielt hier keine Rolle. Intimität ist Handwerk. Chemie, Verbindung und Leidenschaft? Kann und muss man immer für die Kamera bauen.

Man muss es deutlich sagen: Die medialen Bilder von fehlendem Consent, ebenso wie die Romantisierung und Erotisierung von dysfunktionalen Beziehungsdynamiken in Film und Fernsehen sind schädliche Botschaften, die wenig mit echter Intimität zu tun haben. Aber sie haben, auch dank der modernen Streaming-Plattformen, eine große, internationale Reichweite und erreichen heutzutage insbesondere auch ein junges Zielpublikum.

Das Gegenteil von sexy: Toxische Beziehungen

Im Coronasommer 2020 trendete in den sozialen Netzwerken dieser Satz: Are you lost, baby girl? (Hast du dich verlaufen, Baby Girl?). Er stammte aus dem damals gerade auf Netflix erschienenen polnisch-italienischen Erotikspielfilm *365 Tage*. Die Handlung: Der attraktive sizilianische Mafiaboss Massimo entführt die polnische Touristin Laura, hält sie gegen ihren Willen gefangen und gibt ihr 365 Tage, sich in ihn zu verlieben.

Die dünne Handlung mit sehr expliziten Sexszenen avancierte innerhalb weniger Tage zum Netflix-Hit, während die Filmkritik ihn in der Luft zerriss. Es gibt bis heute keine einzige positive Rezension dieses Films.[50] Gleichzeitig hörten die Beschwerden bei Netflix nicht auf, die den Streaming-Anbieter aufforderten, diesen frauenverachtenden Film, der Kidnapping, emotionale Gewalt und sexuellen Missbrauch romantisierte, sofort aus dem Angebot zu entfernen. Währenddessen präsentierten junge Frauen auf der Videoclip-App TikTok Würgemale am Hals und fantasierten darüber, sich von einem (attraktiven) Gangster entführen und zum Sex zwingen zu lassen. Die Hauptdarsteller des Films betonten derweil, dass das alles nur eine harmlose Fantasie sei.

Ich sah mir den Film allein schon aus beruflichem Interesse an: Vielleicht waren ja trotz lächerlicher Handlung die Sexszenen gut gemacht? Leider nein: *365 Tage* ist genuin schlecht. Die filmischen Eindrücke erzählen von Geld und äußerer Attraktivität: teure Statussymbole, trainierte, junge Körper, hübsche Gesichter, Designerkleidung, Luxusjacht, Villa, Privatjet. Wer sich den Film auf Englisch anschaut, sollte die Untertitel aktivieren, denn die Dialoge sind oft kaum zu verstehen. Drehbuch und Handlung sind so unlogisch, die Figuren derart hölzern geschrieben und gespielt, dass man sich zwischendurch fragt, ob der Film nicht in Wahrheit als Comedy gedacht war. Nein, anders als das kultige *Showgirls* nimmt dieser Film sich und seine Botschaft komplett ernst. Und das ist sein Problem.

Da entführt tatsächlich ein extrem gut aussehender, muskulöser Mafiaboss eine schlanke, gut aussehende Touristin und gibt ihr ernsthaft und ohne Augenzwinkern auf den Tag genau ein Jahr, damit sie sich in ihn verliebt. Sie tut so, als wäre sie entrüstet und wehrt sich auch ein bisschen, aber dann huscht immer wieder ein Lächeln über ihr Gesicht, weil sie ihn ja eigentlich attraktiv findet und er sie ab und an zum Shopping ausführt und ihr die teuersten Kleider kauft. Immer wieder betont Massimo, dass er Laura zu nichts zwingen und sie nicht gegen ihren Willen berühren werde, während er sie gleichzeitig anfasst, bedrängt und gefangen hält. Laura ist in einem Moment angewidert, im nächsten Moment verführt sie ihn, kokettiert im sexy Kleid, lockt ihn, um ihn dann im nächsten Moment wieder abzublocken.

365 Tage romantisiert das Stockholm-Syndrom ebenso wie das, was man in der Paartherapie heutzutage als toxische Beziehung bezeichnen würde: emotionale Gewalt, Manipulation, Zwangsausübung, nicht einvernehmliche sexuelle Handlungen und immer wieder ein Auf und Ab zwischen körperlicher Anziehung und emotionaler Verschlossenheit. Die Dynamik zwischen Massimo und Laura ist das Gegenteil von gesund und respektvoll: Sie beruht auf Zwang und Geschlechterklischees und verkauft die Botschaft, dass ein Mann nur lange genug insistieren, Druck machen und eine Frau zur Not auch gegen ihren Willen zwingen müsse, damit sie verstehe, dass sie ihn eigentlich auch wolle.

Eine zweite Botschaft sendet der Film gleich mit: dass eine leidensfähige, willige Frau einen emotional nicht verfügbaren Mann durch ihre Liebe und Anpassung heilen kann. Dies ist ein altes Narrativ, so alt wie das Märchen *Die Schöne und das Biest*, lange vor seiner Disney-Version. Der Mann, das Monster, welches von der schönen Frau zur Liebe geführt werden kann, die lernt, ihn zu lieben, obwohl er sie gefangen nimmt. Falls er sie emotional oder körperlich misshandelt, dann nur deswegen, weil er früher emotional verletzt wurde. Sie muss das einfach nur aushalten und ihn noch stärker lieben, so lange, bis sich sein Herz öffnet. Dass das in der Realität nicht funktioniert, sollte jedem klar sein. Das ist keine Liebe, es ist Missbrauch und hat nichts mit einer erwachsenen Beziehung auf Augenhöhe zu tun, die von gegenseitigem Respekt, Achtsamkeit und Intimität geprägt ist.

Das Phänomen der toxischen Beziehung ist mittlerweile in unserem Alltagsdiskurs angekommen: Gemäß einer repräsentativen Studie der Datingplattform Parship aus dem Jahr 2021 hat jeder dritte erwachsene Deutsche (35 %) in seinem Leben schon einmal eine toxische Beziehung erlebt: Manipulationen, das Verdrehen der eigenen Wahrnehmung (auch als „Gaslighting“ bekannt), Beleidigungen und Herabwürdigungen, Kritik und Streit sowie eine stete Unberechenbarkeit sind an der Tagesordnung. In ungesunden Beziehungen fehlt das Gefühl von Sicherheit, sie sind ein ständiger Wechsel aus heiß und kalt, Zuneigung und Abneigung, Liebesbekundungen und Liebesentzug.[51]

Massimo ist das Klischee dessen, was man allgemein mit „toxischer Männlichkeit“ umschreibt, also ein Mann, der sich nicht verletzlich oder empathisch zeigt, sondern die Beziehung zu einer Frau über Kontrolle, Aggression und Dominanzverhalten gestaltet. Er interessiert sich für Laura nicht als Mensch, sondern begehrt sie als Objekt und behandelt sie auch so – weil er es so will. Er respektiert sie nicht, sondern will sie „haben“, wie ein Kind ein Spielzeug haben will. Was Laura will, ist irrelevant. Wer sie ist, wie sie fühlt und denkt, ob sie menschlich überhaupt zusammenpassen, interessiert Massimo nicht. Aber sie erfüllt eine Funktion: Sie soll ihm helfen, so sagt er, freundlicher zu werden, sanfter. Ihre Dialoge pendeln zwischen Provokation, Machtspielen und sexuellem Locken und Blocken. Wenn er aggressiv wird und Laura schlecht behandelt, dann macht er sie für sein Tun verantwortlich, indem er behauptet, sie habe ihn schließlich provoziert. Eine klassische Schuldumkehr.

Auch Laura schaut sich nicht an, wen sie da als Mensch vor sich hat, außer dass dieser Mann attraktiv ist, Geld und Macht besitzt und sie begehrt, was ihr wiederum schmeichelt und was sie ausnutzt, während sie sich ihm anpasst und sich in sein Leben fügt. Sie könnte alternativ in den Boykott treten, bis die 365 Tage um sind, oder Sex und Luxus mit einem heißen Bad Boy mitnehmen – oder Massimo raten, eine Psychotherapie zu beginnen. Aber das wäre ein anderer Film geworden, und *365 Tage* nimmt sich und seine ungesunden Botschaften ernst. Er will uns glauben machen, dass eine ungesunde Dynamik zwischen zwei emotional nicht stabilen Menschen in Liebe und Ehe mündet. Diese Dynamik wird in der Realität niemals zu einer glücklichen Beziehung führen, und doch verkauft der

Film diese ungesunden Muster als sexy, verpackt in einer attraktiven Oberfläche von schönen Körpern und luxuriösem Lifestyle. Ist das Auto schick und die Frisur passt zum Waschbrettbauch, dann funktioniert es auch mit der Liebe. Ein Trugschluss.

Kein Wunder, dass auch die Sexszenen in *365 Tage* alles andere als heiß sind – sie sind schlecht gemacht und wirken komplett hölzern. Die Körper turnen sich durch diverse Stellungen und sehen dabei gut aus, aber sie sind nicht intim. Das können sie auch nicht, denn die Figuren sind weder realistisch noch menschlich nahbar. Sie sind schöne, leere Hüllen, die narzisstisch um sich selbst kreisen, aber keine Verbindung zueinander schaffen. Was wir hier sehen, ist Masturbation mit einem lebenden Objekt.

Auch fehlende Intimität ist ein Merkmal toxischer Beziehungen: Denn in der Intimität zeigen sich Augenhöhe, Wärme, Empathie und emotionale Berührbarkeit. Intimität kann dann entstehen, wenn eine Beziehung auf einem gesunden Fundament zwischen zwei Menschen steht. All das gibt es in ungesunden Beziehungsdynamiken nicht – und natürlich auch nicht bei Laura und Massimo.

Handwerklich betrachtet, war ich überrascht, wie schludrig die Sexszenen inszeniert wurden: In einigen Momenten, wo Geschlechtsverkehr gezeigt wird, sieht man, dass die Schauspielerin eine Unterhose als Barriere trägt. Anscheinend fiel das beim Blick auf den Monitor während des Drehs und später im Schneideraum niemandem auf.

Was uns in diesem Film als Leidenschaft und Liebe verkauft wird, ist Performance-Sex: körperlich anstrengend, mit Stellungswechseln, viel Nacktheit und reißerischer

Musik. Wir sehen ein stereotypes Narrativ, das sehr an Musikvideos erinnert: eine Montage von Bildern zu Musik. Neu ist bei *365 Tage* nur, dass der Streifen die Grenzen des Mainstream und die Grenzen von Netflix ausreizt und sich die Performance von Lust und die Abkopplung dieser Lust von Intimität und Verbundenheit aus der Pornografie borgt: körperbetonter Sex, keine zärtlichen Berührungen oder Blicke sowie ein paar unfreiwillig komische Momente wie der Einsatz von Speichel für Oralsex und ein Orgasmus, der weder befreiend noch verbunden wirkt.

Eine Intimitätskoordination hätte den Film nicht retten können, dafür hätte das Drehbuch komplett umgeschrieben werden müssen. Aber eine gute Intimitätskoordination hätte der Regisseurin zumindest raten können, Momente der emotionalen Intimität zu erzählen, um zumindest etwas Nähe und Verbindung zu schaffen. So wäre auch die Liebe am Ende etwas glaubwürdiger geworden.

So transportiert der Film durch das Bild „krasser Sex schafft große Liebe" ein weiteres Merkmal toxischer Beziehungen, nämlich biochemische Abhängigkeit. Man ist süchtig nach den Momenten, in denen es gut läuft, man ist körperlich süchtig nach dem Sex und dem Cocktail aus Dopamin, Endorphinen und Oxytocin, die dabei ausgeschüttet werden. Dieses Suchtgefühl ist auch (mit) ein Grund, warum Menschen in toxischen Beziehungen bleiben, selbst wenn diese Dauerstress und Drama bedeuten und ihnen nicht guttun.

Eine harte Rüge muss man *365 Tage* dafür erteilen, wie sehr er Consent und Einvernehmlichkeit mit Füßen tritt. Zu Beginn des Films zwingt Massimo eine Flugbegleiterin zum Oralsex in seinem Privatjet. Das ist sexualisierte Gewalt. Die Flugbegleiterin weint am Ende des Aktes, ihre Wimperntusche ist verschmiert. Als sie wieder allein ist, lächelt sie plötzlich durch ihre Tränen, so als hätte sie es schön gefunden, von Massimo gezwungen zu werden, ihn oral zu befriedigen. Ein unentschuldbares Bild, mit einer unentschuldbaren Botschaft: Hier wird jemand vergewaltigt. Indem der Film behauptet, der Flugbegleiterin habe es doch gefallen, wird Massimo moralisch aufgewertet. Denn würde Massimo als Vergewaltiger angesehen, würde der gesamte Film nicht funktionieren. Die Filmemacher drehen es so hin, als wäre es eine Ehre, von Massimo zum Sex gezwungen zu werden, und es fühlte sich gut an, ihn zu befriedigen. Es sei verständlich, dass er sich sexuell abreagieren müsse, denn er hatte eine schwere Vergangenheit. Genau das ist die unentschuldbare Botschaft dieser Szene.

Ob diese Szene und der gesamte Film überhaupt funktioniert hätten, wenn Massimo nicht jung, reich und gut gebaut wäre, sondern ein älterer Mann mit Bierbauch, ohne Geld, der sich diese Gewalt erlaubt? Natürlich nicht. Es wäre jedoch ehrlicher gewesen, wenn die Filmemacher so konsequent gewesen wären und Massimo als das gezeigt hätten, was er ist: ein Mensch, der seine Macht missbraucht und Frauen zum Sex zwingt.

365 Tage wurde schnell mit einem anderen Film dieses Genres verglichen, mit der BDSM-Trilogie *Shades of Grey*, welche auf Büchern basiert, die ursprünglich eine Fan-fiction-Variante der Vampir-Geschichte *Twilight* waren.

In allen drei Filmwelten, die große Aufmerksamkeit und Fanzahlen generierten, werden Beziehungen erzählt, die ungesunde Verhaltensweisen als romantisch verdrehen und dem Publikum Nichteinvernehmlichkeit als sexy verkaufen. Was sie außerdem gemein haben: fehlende Intimität. Liebe wird behauptet, aber nicht entwickelt, sondern aus kühlen, ungesunden Beziehungsdynamiken hergeleitet, die gleichzeitig erotisiert werden. Sam Taylor-Johnson, die Regisseurin von *Shades of Grey*, nennt in einem Interview als Referenz für ihre Regiearbeit ausgerechnet drei Spielfilme, die sich durch die Erotisierung von unguten Beziehungsdynamiken auszeichnen, aber gleichzeitig durch eine visuell interessante und performative Inszenierung von Lust und Sex bestechen: *9 ½ Wochen*, *Blau ist eine warme Farbe* und *Der letzte Tango in Paris*.[52]

Grundlegende Bausteine von Beziehung, wie Freundschaft und ehrliche Sympathie, Zärtlichkeit, eine wertschätzende Neugier und Akzeptanz, fehlen. Aber die Filme verkaufen genau diese fehlende Augenhöhe, die Nichtbeziehung als Liebe und als Basis von Beziehung: eine unerklärliche Anziehung, ein irrationales Begehren, das sich in ungesundem Verhalten ausdrückt, in männlich codiertem Besitzdenken gegenüber einer Frau, die sich anpasst, anstatt zu gehen und sich eine gesündere Partnerschaft zu suchen.

Auch in *Shades of Grey* sind die Sexszenen performativ: Wir sehen Stellungen, Gesten, Küsse, ästhetische Körper die objektiv betrachtet „gut“ miteinander aussehen. Aber in der makellosen Performance von Sex bleiben die Figuren leidenschaftslos und ohne Wärme. Es fehlt das Charisma einer interessanten Figur, und es fehlen die Chemie und die genuine Sympathie zweier interessanter Figuren mit- und füreinander, die sich wirklich etwas zu sagen haben. Und es fehlt die Intimität: Er will sie eben, warum auch immer, und sie muss so sein, wie er es braucht. Dabei geht es nicht um Augenhöhe, es geht um Kontrolle, Dominanz, Grenzüberschreitungen und das „Überreden, bis sie nachgibt". Die Sexszenen, die auf einer solchen Dynamik aufbauen, können eine Lust erzählen, eine Ästhetik der Körper. Wobei meist noch nicht einmal dies glaubwürdig gelingt, ohne einen Funken von Intimität, ohne echte Verbundenheit.

Man könnte abschließend argumentieren, dass *365 Tage* und auch *Shades of Grey* einfach unterhaltsame Fantasien seien und dass auch die erotisierte Darstellung von toxischen Beziehungen ihre Daseinsberechtigung hätte. Denn Film ist ein sicherer Raum, in dem man Katharsis erleben kann. Richtig. Bilder sind für uns Lernräume, Fantasie, eine Möglichkeit, unsere eigenen Gefühle, Sehnsüchte, Ängste zu spüren, ohne ins Risiko gehen zu müssen. In dem Sinn kann man argumentieren, dass eine erotisierte toxische Beziehung auch nicht schlimmer sei als eine romantische Komödie, die mit einem zärtlichen Kuss endet und der Behauptung, dass das reiche für Liebe und Beziehung. Aber der Vergleich hinkt: Die romantische Komödie postuliert Liebe, die problemlos entsteht auf Basis von Anziehung, Begehren und unerklärlichen Gefühlen. Die darauffolgende Beziehung ist das, was uns der klassische 90-Minüter nicht zeigt. Das muss man wissen, und man kann sich davon distanzieren und sich gleichzeitig von der Geschichte unterhalten lassen. Bei Filmen wie *365 Tage* oder *Shades of Grey* ist das Narrativ problematischer: Hier wird Missbrauch erotisiert und als Beziehungsgrundlage postuliert, die Beziehung findet statt. Anders als die romantische

Komödie wird dies nicht unserer Fantasie überlassen, sondern wir bekommen Bilder geliefert, die uns verkaufen wollen: Das ist kein Missbrauch, das ist sexy. Es funktioniert, und die Belohnung ist Sex. Da, wo romantische Filme Raum für Fantasie lassen, drücken uns Filme wie *365 Tage* die toxische Fantasie aufs Auge.

SEXUALISIERTE GEWALT IM FILM: DER LETZTE TANGO IN PARIS

Es mag seltsam klingen, aber auch die Darstellung sexualisierter Gewalt fällt in meinen Arbeitsbereich. Wie passt das zusammen? Sexualisierte Gewalt ist weder Sex noch Intimität, es ist eine Straftat. Es ist das Erzwingen von Körperkontakt im intimen Sinn, von körperlich intimen oder sexuellen Handlungen ohne Einwilligung oder Einvernehmlichkeit. Es geht um Ausübung von Gewalt, von körperlicher Überlegenheit, um Machtdemonstration, um die Entwürdigung eines anderen Menschen durch aufgezwungene sexuelle Handlungen. Es ist eine Entmenschlichung, hochtraumatisierend für Betroffene; ein Raub der menschlichen Würde und ein Angriff auf die körperliche Autonomie eines anderen Menschen, welche sich über die sexuelle Handlung artikuliert.

Geschichten von sexualisierter Gewalt reichen zeitlich weit zurück bis in die ältesten Narrative, sogar die Bibel, die nordischen wie die römischen oder griechischen Mythen enthalten Schilderungen sexualisierter Gewalt, und selbst in Kindermärchen und Liedern (wie zum Beispiel *Sah ein*

Knab' ein Röslein steh'n) taucht sie auf – dort verklausuliert und sorgfältig verborgen.

Bedeutet das, dass sexualisierte Gewalt Teil unserer Gesellschaft ist? Schon weil sie täglich stattfindet, sowohl im öffentlichen Raum als auch im privaten – ausgeübt durch Fremde oder im Kontext von Partnerschaften? Die Zahl der Betroffenen ist hoch, die Zahlen sind bekannt, die Fragen nach den Ursachen und Lösungen müssen wir uns alle stellen.

Die Filmbilder von sexualisierter Gewalt existieren, seit es das Medium gibt. Aber die Frage ist auch berechtigt, inwiefern sie im Fernsehen oder im Kino überhaupt erzählt werden sollte. Ich finde, das sollte sie unbedingt, denn eine Tabuisierung nützt niemandem. Aber die Art und Weise, wie sexualisierte Gewalt thematisiert wird, ist, wie immer, entscheidend. Ein Film sollte niemals eine Straftat verharmlosen oder als etwas anderes verkaufen als das, was es ist. Es sind unmenschliche Bilder, die wir hier erzählen und mit denen wir eine traurige Realität unserer Gesellschaft sichtbar machen. Hierin kann eine Chance liegen, auf das Thema aufmerksam zu machen, aufzurütteln und die Diskussion über Ursachen und Lösungen zu unterstützen, die uns alle angeht.

Es sind Bilder, die schwer erträglich sind. So mancher hat kein Problem damit, sich einen Missbrauch wie in *365 Tage* anzuschauen, weil er die ästhetisch gefilmten Bilder als Fantasie von sich wegschieben kann, aber fühlt sich unwohl beim Schauen der britischen Serie *I May Destroy You,* die ungeschönt und realistisch das Thema sexualisierte Gewalt behandelt und als das benennt, was es ist: eine Realität, die viele Menschen auch privat betrifft.[53] Ähnlich ist es in Gaspard Noés kontroversem Film *Irreversibel*. Er zeigt darin eine sehr realistisch inszenierte Vergewaltigungsszene in einem durchlaufenden Take von über zehn Minuten. Als der Film 2002 in Cannes gezeigt wurde, verließen die Zuschauer den Kinosaal. Es sind schwer erträgliche Bilder, weil sie nichts schönreden und dem Publikum die Realität der Handlung nicht ersparen.

Wie kann ich als Intimitätskoordinatorin helfen? Mediale Bilder von sexualisierter Gewalt, von Übergriffen und Vergewaltigungen verantwortungsvoll und für alle Beteiligten sicher zu erzählen, bedeutet für Regie und Schauspiel im ersten Schritt, absolute Klarheit über die Bilder und ihre Botschaft zu haben. Hier setzen wieder meine berühmten Fragen darüber an, was genau hier eigentlich erzählt werden soll. Und vor allem: Warum erzählen wir diese Geschichte? Was soll das Publikum fühlen oder verstehen? Ist die Szene notwendig? Geht es hier um Aufklärung, darum, eine Diskussion anzuregen über das Thema an sich, bei allen Geschlechtern? Wessen Perspektive wird hier eingenommen, die des Täters oder die des Opfers? Was genau zeigen wir von der Handlung und warum?

Für Schauspieler ist die Darstellung sexualisierter Gewalt eine herausfordernde Aufgabe, denn das sehr reale Erleben solcher Szenen kann sie psychisch stark belasten. Manche schließen solche Rollen für sich kategorisch aus, weil sie die damit verbundenen Gedanken nicht denken, die damit verbundenen Gefühle nicht fühlen und die damit verbundenen Berührungen am Körper nicht spüren wollen. Auch privat erlebte Traumata in diesem Bereich können durch das Spiel reaktiviert werden. Daher ist es unabdingbar, bei der Darstellung von sexualisierter Gewalt Schauspieler abzusichern und die körperlichen Abläufe exakt zu planen – durch eine gute Vorbereitung und durch die in der Intimitätskoordination erarbeitete Choreografie. Außerdem desexualisieren wir Inhalte und Sprache, das heißt, wir trennen auch sprachlich das, was die Schauspieler darstellen, von jedweder privaten Intimität oder Sexualität. Ein kleines Beispiel, ohne zu technisch zu werden: Ich trenne sprachlich immer zwischen Schauspieler und Rolle. Das heißt, ich spreche immer von den körperlichen Handlungen in der dritten Person der Rolle, beschreibe das, was da körperlich passiert, als das, was die Figur tut, obwohl der Schauspieler, der vor mir steht, ja diese Handlungen ausführt. Ein kleiner, aber wichtiger sprachlicher Kniff.

Dass die Darstellung von sexualisierter Gewalt choreografiert und Schauspieler geschützt werden, war lange Zeit bei Filmdrehs die absolute Ausnahme, im Gegenteil: Es sind zahlreiche bekannte Fälle dokumentiert, in denen Schauspieler mit der Umsetzung der sexualisierten Gewalt allein gelassen wurden, in manchen Fällen erfuhren sie in diesem Kontext Machtmissbrauch durch die Regie und waren diesem schutzlos ausgesetzt. Traumatisierungen sind in diesen Fällen zwangsläufig.

Das bekannteste Beispiel in diesem Zusammenhang ist Bernardo Bertoluccis Film *Der letzte Tango in Paris* (1972). Der Film erzählt die Begegnung der jungen Französin Jeanne (Maria Schneider) mit dem älteren Amerikaner Paul (Marlon Brando), die in einem Pariser Apartment eine anonyme Affäre beginnen. Der Film und seine explizit gezeigte Erotik waren damals ein Skandal. Besonders ein Moment sorgte für Aufsehen: In einer Szene vergewaltigt Paul Jeanne anal und benutzt dabei Butter als Gleitmittel. Die Szene stand so nicht im Drehbuch, sie entstand spontan am Morgen des Drehs. Bertolucci erzählt in einem späten Interview davon, dass er und Brando beim Frühstück die Butter gesehen hätten und so auf die Idee dieser Szene gekommen wären. Maria Schneider wurde mit der Idee konfrontiert und wusste als unbekannte junge Schauspielerin schlicht nicht, wie sie sich gegen die beiden großen Stars Brando und Bertolucci wehren sollte. Bertolucci wollte die Vergewaltigung bewusst spontan drehen, denn er wollte nicht, dass Maria Schneider diese Szene als Schauspielerin spielt, er wollte, dass sie sich wirklich vergewaltigt fühlte, „als Mädchen". So sagte er im Interview: Er habe gewollt, dass sie die Erniedrigung und die Wut in „echt" fühle, und „echte" Tränen weine.[54] Bertolucci rechtfertigte sein Vorgehen damit, dass der Zweck die Mittel heilige und er es nicht bedaure, denn die Kunst müsse frei sein, und dafür müsse man eben bestimmte Dinge tun. Was Bertolucci hier sagt, ist: Sexualisierte Gewalt ist erlaubt, wenn dadurch Kunst ermöglicht wird. Maria Schneider lebte ein unglückliches Leben und verstarb früh. Der Film verfolgte sie ein Leben lang, noch Jahre später wurde sie mit Butterwitzen verhöhnt, auf der Straße angespuckt und belästigt, wie ihre Cousine Vanessa Schneider in einem Buch über das Leben der Schauspielerin schildert.[55] Auch in Interviews äußerte Maria Schneider ihre Empörung, man nahm sie nicht ernst. Erst Ende 2017 erfuhr mit #metoo auch dieser Fall Aufmerksamkeit und der Machtmissbrauch Bertoluccis wurde scharf verurteilt.

Leider gehören solche Fälle immer noch nicht der Vergangenheit an. Viele Schauspieler berichten mir von Drehs, bei denen sexualisierte Gewalt weder vorbereitet noch geprobt wird, wo die Regie spontan erst am Drehtag inszeniert und verlangt, dass die Schauspieler eine Vergewaltigung improvisieren. Das ist fahrlässig und inakzeptabel. Dass es besser gehen muss und kann, erlebe ich hingegen in meiner Praxis. Immer wieder arbeite ich mit Darstellern, die mir von sexuellen Gewalterfahrungen im Privaten berichten und die im Kontext solcher Szenen wieder an die schlimmen Erlebnisse erinnert werden. Wir können Traumata nicht ungeschehen machen, aber wir können durch einen professionellen, kontrollierten Rahmen dafür sorgen, dass ein Mensch beim Spiel dieser Szene nicht erneut die damit verbundene Hilflosigkeit und Ohnmacht erfährt. Wichtig ist, dass die Schauspieler jederzeit die Kontrolle über die Situation haben – ich ermögliche ihnen diese starke Position. Schauspiel ist immer Handwerk, es kann und sollte keine Therapie sein. Und doch höre ich manchmal im Kontext meiner Arbeit auch dies: „Indem ich diese Szene drehe, hole ich mir etwas zurück, was mir damals genommen wurde." Die Würde.

WARUM PORNOS NICHTS MIT INTIMITÄT ZU TUN HABEN

Wir müssen über Pornos reden, und das geht mit Blick auf Intimität in einem Satz: Pornos haben mit Intimität nichts zu tun. Sie gehören in der heutigen Zeit zu den überaus präsenten und verfügbaren medialen Bildern – und ob ihrer Verfügbarkeit denken viele Menschen beim Wort „Intimität" an Pornos bzw. sie haben Bilder aus Pornos im Kopf. Und warum hat das nichts mit Intimität zu tun, kann man sich fragen. Schließlich sind die Akteure nackt, es werden die körperlichen Aktivitäten sexueller Begegnungen gezeigt – und genau das war es dann auch schon.

Mit Blick auf emotionale Intimität als Kern jeder Form von Intimität, die sich auszeichnet durch Verletzlichkeit und Verbindung, können Pornos nur als defizitär beschrieben werden. Pornos sind eine Leerstelle zwischenmenschlicher Intimität. Gleichzeitig kann die starke mediale Präsenz pornografischer Bilder nicht abgestritten werden.[56] Pornos werden regelmäßig konsumiert und sind gleichzeitig ein Tabuthema. Wie passt das zusammen?

Ich selbst habe keine moralische oder religiös geprägte Haltung zu Pornos, für mich sind sie eins: sexuelles Fast Food, vergleichbar mit Schokolade oder einer Portion Pommes rot-weiß. Pommes sind weder wirklich lecker noch gesund: Sie reizen den Gaumen mit einem künstlich hergestellten Geschmack: Frittierfett, Salz, Geschmacksverstärker und ordentlich Ketchup und Mayonnaise. Alles zu viel von allem. Die unfrittierten Pommes sind kleine, nackte, denaturierte Kartoffeln. Mir ist bewusst, dass Pommes nicht gesund sind, ja, in großen Mengen und täglich genossen sind sie sogar schädlich. Die Dosis macht das Gift. Aber im Moment des Essens kicken sie mich, weil sie einen starken Sinnesreiz setzen und das Belohnungszentrum in meinem Gehirn stimulieren. Nichts anderes ist der moderne Porno, immer das Gleiche und davon viel: viel

Nacktheit, viele Genitalien, viele Stellungen, viel Ejakulat, viele offene Münder, viel Stöhnen. Und das alles mit nur einem Klick, ein moderner Lustsupermarkt mit Tausenden von Soßenvariationen für 24/7-Konsum.

In den 90er-Jahren waren Pornos eine Seltenheit. Damals liefen im Fernsehen die Erotik-Klamauk-Streifen der 70er-Jahre: Da gab es die israelischen *Eis-am-Stiel*-Filme über drei Freunde, die ihre ersten erotischen und romantischen Erfahrungen mit Mädchen machten und versuchten, erwachsen zu werden. Deutsche Erotikkomödien hatten blumige Titel wie *Liebesgrüße aus der Lederhose* oder *Graf Porno bläst zum Zapfenstreich*. Über Titel, Qualität und Anspruch der Filme lässt sich streiten, aber die unfreiwillige Komik machte sie auf ihre Art kultig und harmlos. Es gab so etwas wie Handlung und Sinn – und es gab Kontext. *Eis am Stiel* hatte etwas Unschuldiges, es ging um junge Menschen und ihre Gefühle – es war so etwas wie die filmische Version vom Dr.-Sommer-Team aus der *Bravo*, an das man sich mit seinen Fragen und Sorgen zu den Themen Liebe, Sex und Zärtlichkeit wenden konnte.

Wer explizite Bilder sehen wollte, hatte drei Optionen: Magazine wie den *Playboy* am Kiosk kaufen, in ein Pornokino gehen oder eine VHS-Kassette in der Videothek ausleihen. Alle drei Optionen bedeuteten Aufwand und Verantwortung: Man musste sein Gesicht zeigen, wenn man Pornos konsumieren wollte, es war ein überlegter Akt, und es war ein gelegentlicher Konsum. Ansonsten widmete man sich seinem analogen Leben und realen Partnerschaften.

Heute ist die Pornolandschaft eine radikal andere, und mit ihr hat sich auch das Konsumverhalten radikal geändert. Seit der Etablierung des Hochgeschwindigkeits-Internets haben sich Pornos zu einem Massenphänomen entwickelt, welches in der Mitte der Gesellschaft angekommen ist. Der Pornokonsum der Gegenwart ist anonym sowie zeitlich und örtlich grenzenlos geworden. Ein Klick reicht, um Dopamin ins Gehirn zu schießen, so oft und so lange man will.

Auch die Inhalte sind heute anders; es handelt sich beim modernen Internetporno um kurze bis mittellange Filme mit sexuell expliziten Handlungen, die stark erregen. Der dargestellte Sex ist eine aufs rein Körperliche beschränkte und von jeder Bindungsdimension abgekoppelte Lust, die performt und konsumiert wird und der zudem Kontext und Story fehlen. Diese neuen Pornos bezeichnen Experten als „hyper-stimulierende, hyper-erregende Inhalte, welche uns noch nie in dieser Art, in diesem Umfang und in dieser Ausprägung, geliefert worden sind. Als Menschen haben wir eine andere Reaktion auf diese neuen Stimuli als auf die alten Formate von Pornografie."[57]

Porno: Sucht, Störung, oder alles nicht so schlimm?

Die Bilder sind da und werden wohl auch nicht verschwinden. Aber was machen diese hypersexuellen Stimuli mit uns? Seit Etablierung des Internetpornos beobachten Psychologen und Ärzte ein neues, zunehmendes Beschwerdebild in ihren Praxen, das seit 2019 durch die WHO, wie das pathologische Glückspiel auch, als Verhaltenssucht anerkannt ist: Pornosucht bzw. Pornonutzungsstörung. Psychologen beobachten einen ganzen Beschwerdekomplex, der damit einhergeht: die Zunahme von Erektionsstörungen, insbesondere bei jungen Männern[58], Unlust am realen Sex in der Partnerschaft, Rückzug und Einsamkeit sowie das Unvermögen, mit dem Konsum aufzuhören. Beobachtet wird ein Gewöhnungseffekt, der Betroffene dazu verleitet, immer wieder neue, mehr und härtere Inhalte zu konsumieren, um den gleichen Befriedigungseffekt zu erreichen.[59] In der Praxis hat sich der Arbeitsbegriff Pornosucht eingebürgert, denn obgleich man es mit keiner stoffgebundenen Sucht zu tun hat wie im Fall von Alkoholismus, so wirken Pornokonsum und Glücksspiel ähnlich, nämlich als belohnungsgebundenes Konsummodell, welches das Belohnungszentrum im Gehirn überfordert. Die Neurologin Heike Melzer bezeichnet die Pornosucht als chronische Stoffwechselerkrankung des Gehirns und seines Dopaminhaushalts, die sich schleichend und über Jahre entwickelt.[60]

Dass dies eine Realität in den Praxen von Psychologen und Therapeuten ist, während gleichzeitig Branchenvertreter ohne medizinische Fachkenntnisse behaupten, dass Pornosucht ein Mythos sei – es erinnert an das Gebaren der großen Tabakkonzerne oder Alkoholhersteller, die ein erwiesen problembehaftetes Genussmittel und damit ihr lukratives Geschäftsmodell verteidigen wollen und müssen.

Was stimmt: Viele Menschen schauen Pornos, ob alleine oder gemeinsam mit dem Partner, und erleben dadurch keine negativen Konsequenzen. Sie können auf den Konsum verzichten, führen gesunde Beziehungen. Andere Menschen werden süchtig und der Pornokonsum hat negative, teils zerstörerische Folgen für ihr Leben. Schätzungen zufolge sind rund 500.000 Menschen in Deutschland betroffen, die Mehrheit davon Männer.

Wie auch immer man das Beschwerdebild aktuell bezeichnet, das Problem ist da. Hier gilt es, hinzuschauen. Betroffene brauchen gute Hilfsangebote, ohne Scham und Tabuisierung. Dopaminkicks sind auch immer ein Weg, um unschöne Gefühle nicht spüren zu müssen. Betroffene können lernen, ihren überreizten, übersättigten Dopaminhaushalt zu normalisieren. Sie können lernen, sich wieder mit den eigenen Gefühlen zu verbinden – und sie können Bindung und Intimität neu lernen.[61]

Des Kaisers neue Kleider: Die narrative Leerstelle beim Porno

Was den modernen Internetporno betrifft, muss man des Kaisers neue Kleider beim Namen nennen, denn der Kaiser ist nackt. Der moderne Porno liefert defizitäre Bilder von Sex und Lust, wenngleich er sich mit dem Internet als Milliardenbranche neu erfunden hat, für sich Systemrelevanz reklamiert und postuliert, die richtige Antwort auf ein natürliches Grundbedürfnis von uns Menschen zu sein. Hier wird eine angebliche neue sexuelle Befreiung behauptet, die in Wahrheit keine ist, sondern lediglich eine allzeit und in sämtlichen Variationen konsumierbare, kommerzialisierte Lustindustrie, „die von dem unmöglichen Wunsch nach vollständiger Befriedigung mit allen Mitteln getrieben ist", wie es der Journalist Jakob Hayner beim Besuch der weltweit größten Erotikmesse Venus in Berlin treffend beschreibt.[62]

So groß die Masse an Videos auf einschlägigen Websites wie Pornhub, so zahlreich die Kategorien, so gleichbleibend das Sujet der Filme und ihre dramaturgischen

Abläufe: Lusterzeugung, Luststeigerung und Lustentladung im finalen Orgasmus. Das ist keine Bewertung, sondern erst mal eine Beobachtung, die man machen kann und muss, unabhängig von jeglichen gesellschaftlichen, moralischen oder wirtschaftlichen Debatten zum Thema Porno.

So wie Pommes Pommes sind und bleiben, ist und bleibt Porno auch Porno, aber die „Saucen", mit denen er serviert wird, variieren: MILF, Hentai (japanischer Anime), Teenager, Gangbang, Hardcore, Anal, Tentakel-Sex.

Genau hierin liegen die narrative Leerstelle des Pornos und sein Problem. Egal in wie vielen Kategorien er sich ausprägt, er taugt immer nur für eine Performance von Lust. Gerne wird in diesem Zusammenhang darauf verwiesen, dass nicht alle Pornos schlecht oder frauenverachtend seien; manche seien fair produziert, feministisch und der Consent der Darsteller würde sichergestellt. Das mag stimmen, aber das sind produktionstechnische Aspekte. Die produzierten Bilder und Narrative sind die gleichen, denn Porno hat nur ein Sujet: Es ist die von Bindung und Intimität abgekoppelte Performance von Lust als Scripted Reality, die immer auf Erregung und Orgasmus abzielt.

Was im Porno fehlt, ist Bindung, ein essenzieller zwischenmenschlicher Kontext, wie er in jedem Spielfilm vorkommt, der erotische oder intime Szenen enthält. Pornos sind kurze Filme mit nur einem Inhalt: der Darstellung verschiedener Facetten von sexueller Lust. Das ist nicht verwerflich. Pornos stellen Erregung und Lust dar und wollen Erregung und Lust erzeugen. Das kann man wertschätzen oder es langweilig finden, aber ein Porno bleibt ein Porno bleibt ein Porno. Hier werden Dinge bildlich, dramaturgisch und körperlich voneinander entkoppelt, die im menschlichen Kern, als Intimität, zusammengehören.

Pornobilder folgen einem relativ gleichen Skript, zwar in Variationen, aber der Kern ihres Storytelling ändert sich nicht, auch nicht in modernen, schöner ausgeleuchteten oder mit netter Musik unterlegten Pornos, die körperliche Diversität abbilden oder andere sexuelle Orientierungen als heteronormative Sexualität. Das ist in sich eine gute Sache, aber eine Penetration ist und bleibt eine Penetration, eine orale Befriedigung bleibt eine orale Befriedigung und die erzeugten Pornobilder, Kameraeinstellungen und Abläufe der Handlungen, von den ersten Küssen übers Ausziehen, über diverse Praktiken, Stellungen, Anordnungen bis hin zum (vielleicht oder vielleicht nicht gespielten) Orgasmus inklusive der mittlerweile standardisierten Ejakulationen auf das Gesicht der in der Regel weiblichen Performerin, ähneln sich in der Ausführung und in dem, was sie uns erzählen: Berührungen, die auf Stimulation fokussieren, um in kurzer Zeit zielgerichtet Lust zu steigern und zum Orgasmus hinzuführen.

Die Griffe auf Haut und Körper sind im Porno stereotyp zweckgebunden und erzählen Triebbefriedigung. Die Art und Weise der Stimulation der primären erogenen Zonen, also von Penis, Vagina und Klitoris, lässt vermuten, dass diese Körperareale durch Überstimulation schon etwas berührungsunempfindlich sind, also nicht mehr so gut auf sanftere Berührungsreize reagieren. Daraus erklärt sich, warum Pornos oft so hart wirken. Das Areal ist quasi etwas taub, daher braucht es einen stärkeren Berührungsreiz, damit überhaupt etwas ankommt: Die Berührungen sind meist kräftig reibend, mittel bis schnell und zielgerichtet, sei es bei der händischen Stimulation eines Penis, die man anhand von drei Handgriffen vollzieht, oder der oralen oder der manuellen Stimulation einer Vagina. Meist wird noch nicht einmal die Klitoris oder die ganze Vulva miteinbezogen, und die Berührungen erfolgen häufig schnell und heftig, ohne eine Kenntnis, wie Frau eigentlich in der Realität zum Orgasmus gebracht werden kann. Es mag an fehlender Berührungskompetenz liegen oder an der falschen Annahme, dass weibliche erogene Zonen die gleichen Berührungen brauchen wie die männlichen erogenen Zonen; und es ist Druck im Kessel: Pornos haben hat ein straffes Tempo, das müssen und dürfen sie haben. Und es geht vor allem nicht ums Fühlen, um zu fühlen, sondern um zielgerichtete Stimulation.

In den körperlichen Positionen wird keine innere Nähe der Akteure erzählt: Die Oberkörper sind meist weiter auseinander, was auch daran liegt, dass die Kamera eine freie Sicht auf die primären Geschlechtsorgane und den Akt braucht. Aus dieser körperlichen und optischen Distanz der Oberkörper resultiert auch der Effekt, dass wir Pornosex als lieblos, mechanisch und eher kalt erleben. Wenn dann noch verstärkend hinzukommt, dass sich nur die Becken der Performer bewegen, dann entsteht der fast unfreiwillig komische, zumindest jedoch surreale Eindruck, dass wir es hier mit menschlichen Automaten zu tun haben, die zwar im körperlichen Kontakt miteinander sind, von denen aber letztlich jeder für sich alleine, mithilfe eines anderen Körpers, masturbiert.

Auch Küsse im Porno sind so eine Sache. Es fällt auf, welche geringe Rolle der Kuss spielt und wie einfallslos er eingesetzt wird. Meist wird mit Zunge geküsst, der Mund offen, was diesen Kuss bereits als bildliche Ankündigung des darauffolgenden Geschlechtsverkehrs codiert und Erwartungen weckt.

Wie gesagt: Ein Porno ist nichts, wofür man sich schämen sollte, wenn man ihn guckt. Aber man muss sich diese Bilder genau ansehen, sie hinterfragen und vor allem muss verstanden werden: Ein Porno ist nicht mehr als eine sterile sexuelle Stimulation, losgelöst von allem, was eine Verbindung zwischen Menschen schafft. Und das ist ein fatales Bild, insbesondere in Anbetracht der Menge und Verfügbarkeit moderner Pornos, die als Dopaminkick stärker wirken als die Liebesszene im Kontext eines Spielfilms. Sex ist so eine wunderbare Sache, durch die eine Beziehung intimer werden kann. Und Sex ist immer auch Ausdruck von Verbundenheit und Intimität – dies negiert der moderne Porno als Erbe der 68er und macht diesen Irrglauben lukrativ zu Geld. Das Produktionsvolumen ist beeindruckend. Und je mehr solcher Pornobilder wir konsumieren, desto mehr verinnerlichen wir diese Art von sexueller Nichtverbindung, von entkoppelter Konsumsexualität. Insbesondere für Jugendliche finde ich die freie, massenhafte Verfügbarkeit von Pornos problematisch. Noch bevor sie eigene intime Erfahrungen machen, kommen sie in Kontakt mit Bildern, die einen in den Berührungen abgestumpften, performativen Automatensex zeigen.

Pornos verkaufen uns den Dopaminschuss fürs Gehirn als Normalität. Dass echter Sex ganz anders funktioniert, viel schöner sein kann, verschweigen sie. Ich sehe das Problem des Pornos in der Beschränktheit seiner Bilder auf eine abgekoppelte Triebbefriedigung, während er das, was eigentlich wichtig ist, Intimität, Bindung und Nähe, ausklammert und negiert.

Pornos sind das Milliardengeschäft einer Branche, die ein finanzielles Eigeninteresse daran hat, dass viel und dauerhaft konsumiert wird. Aber wir brauchen nicht mehr Pornobilder, wir brauchen mehr Bilder von Intimität, von mehr Zärtlichkeit, von mehr Nähe, Berührung und Anbindung. Das kann nähren und glücklich machen.

Das Fühlen neu lernen: Beobachtungen aus meiner Intimitätspraxis

Manchmal finden Menschen ihren Weg zur tantrischen Massage oder zu einem Consent-Workshop, deren Bilder von Intimität stark von Internetpornos geprägt sind. Mehrheitlich sind dies Männer, aber zuweilen auch Frauen. In der Arbeit mit ihnen fallen mir drei Dinge auf: Erstens tun sie sich schwer damit, die Augen zu schließen und mich *nicht* anzuschauen, während sie Berührung empfangen. Das verwundert mich nicht, denn ein Porno setzt den sexuellen Stimulus über das Zugucken. Erregung funktioniert hier über die Verbindung aus Sehen und Berühren, aus sexuellen Bildern und körperlicher Stimulation. Der visuelle Reiz fällt beim Empfangen einer tantrischen Massage weg, und das kann erst mal verunsichern. Ich stelle fest, dass es diesen Menschen erst mal schwerfällt, auf sich selbst zurückgeworfen zu werden: ganz bei sich zu bleiben, mit geschlossenen Augen, und zu beobachten, wie sie sich während der Berührungen überhaupt fühlen, was in ihnen gerade passiert, was sie empfinden. Wenn man eine tantrische Massage oder Berührung empfängt, wird man eingeladen, ganz bei sich zu bleiben, nichts zu tun. Es ist ein tiefes Fühlen, ein Verbinden mit der eigenen Psyche, mit dem, was gerade in einem vorgeht. Dabei kommen teilweise schöne Gefühle hoch, aber auch schmerzhafte wie Trauer, Einsamkeit oder Angst.

Eine zweite Beobachtung, die ich mache, ist, dass Menschen, die viele Pornos konsumieren, ihr Berührungsempfinden auf den Intimbereich fokussieren – bei Männern auf Penis und Hoden, bei Frauen auf Klitoris und Vagina. Dieser Intimbereich ist vor allem auf Stimulation geprägt. Auch dies ist durch neurologische Studien zu Pornokonsum und den neuronalen Prägungen im Gehirn belegt.

Tantrische Berührungen zu empfangen, ist für Menschen, die mit pornografischer Stimulation vertraut sind, wie das Lernen einer Fremdsprache. Dabei muss der ganze Körper lernen. Die tantrische Berührung zeichnet sich dadurch aus, dass sie ruhig, bewusst, absichtslos und liebevoll ist – und dass sie keine sexuelle Stimulation verfolgt, wenngleich sie in der Lage ist, sexuelle Energie hervorzurufen, zu vermehren und zu verringern, und das nicht nur im Intimbereich, sondern durch den gesamten Körper hindurch.

Wenn die Masturbation mit Orgasmus zu einem Internetporno wie ein schneller, hoher Dopaminkick ist, dann ist eine tantrische Massage eher so etwas wie eine lange Dopaminwelle, die man mit geringeren Ausschlägen surft, dafür aber viel länger und intensiver. Man kann mit entsprechender Übung und Praxis lernen, diese Welle zu steuern, sie durch den Körper zu bewegen. Die tiefe emotionale wie körperliche Zufriedenheit, die viele Menschen nach einer tantrischen Massage empfinden, kann mehrere Tage anhalten.

Ein großes Thema bei Männern jeglichen Alters ist die Erektion: Funktioniert alles, wie es soll, wenn ja, wie lange, und was bedeutet es für mich, wenn ich die Erektion verliere? Die größte Entspannung in der tantrischen Berührung ist für Männer, dass eine Erektion völlig irrelevant ist. Sie lernen, dass es nicht um diese Funktion geht, sondern um das Fühlen, unabhängig von jeglicher Erregung. Es geht um das Spüren des eigenen Körpers. Sie lernen, dass eine Erektion kommen und gehen kann, wie sie will, dass eine Erektion beim Tantra kein Ziel hat, anders als in der von den meisten Männern erlernten Stimulationssprache, die sagt, dass eine Erektion zwingende Grundlage für ein positives Gefühlserleben ist. Und dass die Qualität der männlichen Performance und des Wertes als Mann überhaupt sich irgendwie daran bemisst, wie lange oder kurz die Erektion dauert oder ob man sie, auf dem vorgezeichneten Weg zum Orgasmus, „verliert".

In der tantrischen Massage fließen häufig Tränen. Wenn Männer ihren Körper anders erfahren, als sie geprägt wurden; wenn sie den Leistungsgedanken abgeben können, nicht performen müssen, sondern zulassen können. Ohne Druck, ohne Ziel, ohne Erwartungen. Wenn sie andere Bereiche ihres Körpers fühlend kennenlernen, durch ziellose Berührung, die nicht sexuell ist, sondern fürsorglich und liebevoll.

Auch wenn Frauen (noch) deutlich weniger Pornos konsumieren als Männer, so sind auch sie durch bestimmte Skripte und Bilder von Sexualität und Berührung geprägt, teils auch durch pornografische Bilder von sexueller Performance und weiblicher Lust. Auch bei Frauen beobachte ich in der tantrischen Berührungsarbeit eine Entspannung und ein Loslassen von Erwartungen und Performancedruck sowie eine Erweiterung ihres Berührungsvokabulars über die sexuelle Stimulation des Intimbereichs hinaus. Diese Zweckgebundenheit nehmen wir weg, was viele Frauen als Befreiung empfinden. Gleiches gilt für die weibliche Brust, eine erogene Zone. Auch hier sind viele Frauen es gewohnt, stimulierend berührt zu werden, der Fokus liegt dann auf den Brustwarzen. In der tantrischen Massage wird die Brust absichtslos berührt, die Berührungen sind eingebunden in Massagestriche, neutral im Sinne von nicht sexuell, und das erleben Frauen als ungemein befreiend und wohltuend, es ist ein Akt der Selbsterfahrung.

Eine dritte Beobachtung ist, dass Männer und Frauen lernen, in der tantrischen Berührungsarbeit tief und ruhig zu atmen. Es ist das Gegenteil der sexuellen Druckentladung, die man im Porno sieht. Ähnlich wie im Yoga, wo der tiefe Atem die Bewegungen begleitet, ist auch in der tantrischen Berührungsarbeit bewusste Atmung ein roter Faden. Man kann mit einer ruhigen Atmung besser fühlen, Berührungen tiefer und voller nachspüren sowie die sexuelle Energie, die sich im Verlauf einer tantrischen Massage aufbauen kann (aber nicht muss), durch bewusste Atmung steuern, verstärken und mit den richtigen Massagestrichen durch den Körper bewegen. Das klingt etwas abenteuerlich und mag erst mal seltsam anmuten, ist aber mit Übung machbar und sorgt für Gefühle großer Zufriedenheit. Manchmal wird ja etwas sensationslüstern über „Ganzkörper-Orgasmen“ und andere tantrische Spezialitäten gesprochen: Diese gibt es tatsächlich, aber es ist letztlich nichts anderes als ein ruhiges, bewusstes Fühlen und Bewegen der sexuellen Energie durch den gesamten Körper.

Insgesamt beobachte ich, dass Menschen, die sehr durch Pornografie geprägt wurden, in der tantrischen Arbeit oft zum ersten Mal Verletzlichkeit entdecken und zulassen. Willkommen in der echten Intimität! Sie spüren Gefühle im Körper, Zwischentöne, lernen eine verletzliche, ehrliche und nährende Intimität mit sich und innerhalb eines sicheren Rahmens.

Pornografische Echos im Mainstream

Als Intimitätskoordinatorin habe ich mit der Pornobranche keine Berührungspunkte – und trotzdem macht sich auch im Mainstream-Film und -Fernsehen das Echo der Pornografie bemerkbar. Manchmal begegnet mir indirekt das Paradox von „Craving but not Liking“, also das Phänomen, dass man beim Anschauen pornografischer Bilder körperlich stark erregt werden kann, obwohl man die dargestellten sexuellen Praktiken eigentlich gar nicht mag, sie vielleicht sogar ablehnt. Für manche Menschen ist dies mit Scham verbunden, und sie fragen sich zu Recht: „Warum erregt mich das, wenn ich es eigentlich verabscheuenswürdig finde? Was stimmt nicht mit mir?“

Dass ein sexueller Stimulus eine körperliche Reaktion provozieren kann, unabhängig vom subjektiven Empfinden, ist in der Medizin als „arousal non-concordance“ gut beschrieben, zu Deutsch: die Nichtübereinstimmung von körperlichen Zeichen der Erregung und der subjektiven Haltung, dem Empfinden von Erregung. Der Körper reagiert, im Reflex und unbewusst, auf einen sexuellen Stimulus: Das kann visuell sein wie bei einem Porno, das kann auch über einen körperlichen Stimulus passieren. Das problematische Missverständnis in diesem Bereich findet im Kontext von sexualisierter Gewalt und nichteinvernehmlicher Intimität statt: Wenn einem Vergewaltigungsopfer beispielsweise vorgeworfen wird, dass es während des Aktes, dem es nicht zustimmte, den es ablehnte, dennoch körperlich erregt war. Dies ist bis heute der Grund für unermessliche Scham bei Menschen, die sexuelle Traumata erfahren haben, sich fälschlicherweise eine Mitschuld geben an dem, was ihnen zugefügt wurde.[63] Hier müssen die Dinge ganz klar verstanden und beim Namen genannt werden, denn ein rein körperlicher Reflex darf nicht als Zustimmung gedeutet werden. Es bedarf hier noch viel Aufklärung, gerade auch bei jungen Menschen, aber auch in der Rechtsprechung.

Schauspieler äußern mir gegenüber oft die Sorge, dass sie bei der körperlichen Darstellung von Intimität erregt werden könnten. Dies betrifft insbesondere Männer, weil deren Erektion äußerlich deutlich sichtbar ist. Aber auch Frauen haben diese Sorge – und damit verbunden immer die Frage: „Was passiert, wenn ich erregt werde? Bedeutet das etwas? Und wenn ja, was bedeutet es? Könnte sich mein Kollege belästigt fühlen?“ Meine Antwort ist immer klar: Es bedeutet nichts, wenn es passiert, und es bedeutet nichts, wenn es nicht passiert! Und: Was auch immer passiert oder nicht passiert, es gibt keinen Anlass, sich zu schämen. Trotzdem ist die Scham da – insbesondere Männer machen sich große Sorgen darüber, was ihre weiblichen Szenenpartnerinnen von ihnen denken könnten. Diese Sorge ist unbegründet. Der Schlüssel, damit sich Schauspieler sicher mit dem Thema fühlen, ist wie immer eine klare

Kommunikation, was warum wie passiert oder nicht, eine klare Choreografie der intimen Szene und ein klares Gespräch darüber, wie wir körperlich, aber auch mithilfe von Barrieren und Intimbedeckungen Abstand und Schutz zwischen den Spielenden schaffen können.

Ein weiterer Import aus der Pornoindustrie ist der komplett rasierte Intimbereich. Die Gründe für die Komplett-Enthaarung im Porno sind vermutlich die bessere Sichtbarkeit und Filmbarkeit von sexuellen Praktiken, man sieht einfach mehr, wenn keine Haare die Sicht verdecken. Weitere Gründe mögen Glaubenssätze bezüglich der Körperhygiene sein sowie bei weiblichen Genitalien die Fantasie eines mädchenhaften Körpers, die sich auch in Pornokategorien wie „Teenager“ oder „unter 18“ artikuliert.

Diese enthaarte Ästhetik verbreitete sich auch im Mainstream-Film, aber hier ist sie schwierig, wenn man zum Beispiel historische Stoffe dreht. Im Mittelalter war man nun einmal behaart. Gleiches gilt übrigens auch für den modernen Tattoo-Look. Tattoos kann man leicht überschminken. Aber was ist mit dem Intimbereich? Hier nehmen wir Schamhaartoupets. Ja, genau: Es sind kleine Perücken, die man im Intimbereich appliziert. Prominentestes Beispiel: Kate Winslet im Film *Der Vorleser* (2008). Der Vorteil für Schauspielerinnen: Es ist ein kleiner, psychologischer Schutz, wie ein Kostüm, das man trägt. Auch wenn man selbst behaart ist, kann man ein Schamhaartoupet tragen – die Nacktheit der Figur wird dadurch erzählt, während man selber nicht komplett nackt vor der Kamera agiert. Das Schamhaartoupet gibt es selbstverständlich auch für Männer.

Ein letztes Echo aus dem Porno ist sein Sound. Viele Schauspieler treten mit der Frage an mich heran: Welche Sextöne sollen in der Szene vorkommen? Und damit verbunden die Sorge: Ich möchte auf keinen Fall so übertrieben stöhnen wie in Pornos. Berechtigte Sorgen, in denen sich zwei wichtige Wahrheiten artikulieren: Ein Porno ist nicht echt, es ist eine Performance, die nichts mit Intimität zu tun hat. Das Stöhnen, das wir in Pornos hören, ist ein Lustfake – weder die Erregung ist echt noch das Stöhnen. Authentische Erregung, authentische Lust sitzt in der Atmung, sitzt im Körper, nicht in den Lauten, die erzeugt werden und die die meisten Menschen als ziemlich drüber empfinden.

Deshalb auch einer meiner wichtigsten Tipps für Schauspieler, wenn wir an intimen Szenen arbeiten: Die Töne sind (fast immer) irrelevant – das Fundament darunter, Körper und Atmung, ist ausschlaggebend, denn das erzählt authentische Sexualität, Leidenschaft, Körperlichkeit. Die Kamera liebt Atmung, liebt Hautberührung – wenn diese zwei Punkte gut gearbeitet sind, dann kann ein Ton auf diesem Fundament entstehen, der authentisch ist und die Geschichte unterstützt, anstatt unfreiwillig komisch zu wirken als eine Fake-Performance.

Kann Porno ein Lernraum für körperliche Intimität sein?

Ein Porno wird niemals das leisten können, was Intimität für uns Menschen ausmacht, unser Bedürfnis nach Bindung und Geborgenheit zu erfüllen. Und natürlich muss er das auch nicht. Der Kaiser ist nackt, da gibt es nichts zu verdrehen oder eine Systemrelevanz herbeizureden.

Aber was für uns Erwachsene (meist) so klar und eindeutig erscheint, kann für Heranwachsende ganz anders sein. Erwachsene meiner Generation haben ihre ersten sexuellen Erfahrungen in der Realität gemacht. Pornos waren eine Seltenheit und in dem Sinne auch nicht relevant. Mittlerweile muss man davon ausgehen, dass Jugendliche heutzutage mit Sex und allem, was dazugehört, zunächst über digitale Vermittlung in Berührung kommen. Verkürzt gesagt: Wenn der erste Geschlechtsverkehr, den ich in meinem Leben sehe, in einem Porno stattfindet, dann wird auch ein ganz bestimmtes Bild von Sex vermittelt. Ein nicht unbedingt realistisches, wie wir wissen. Und zudem eines, das unwahrscheinlich viel vorgibt, eine Messlatte setzt.

Ganz anders, wenn ich mich mit meinem ersten Freund oder meiner ersten Freundin an Sex herantaste. Besonders aufregend ist an dem Thema, dass es aus der Sicht des Jugendlichen ein komplett unerforschtes Gebiet ist. Dies kann er in seinem eigenen Tempo erkunden, sich vorwärtstasten, ausprobieren, spüren, was ihm guttut, Fehler machen, drüber lachen. Hier beginnt echte sexuelle Befreiung und eine selbstbestimmte Sexualität, denn man schreibt das Drehbuch der gelebten Intimität selbst. Fühlt man sich auch so frei, wenn man bereits Pornobilder und Performance-Skripte im Kopf hat?

An dieser Stelle muss eine vernünftige Sexualaufklärung oder sagen wir eher eine ganzheitliche Intimitätsbildung ansetzen. Alle, die mit Erziehung betraut sind, sollten sich mit Intimität befassen, vermitteln, was diese bedeutet – und was genau eigentlich Porno in diesem Zusammenhang ist und was nicht. Dabei sollten grundlegende Aspekte wie

Empathiefähigkeit, Liebe, Consent und Beziehungskompetenz vermittelt werden. All das kann im Schulunterricht ab einem bestimmten Alter Teil der Lerninhalte sein.

Natürlich bringt es nichts, Pornos in eine böse Ecke zu stellen – Jugendliche wachsen mit Smartphones auf, haben nachweislich und aufgrund der leichten Verfügbarkeit im Internet schon früh Kontakt zu pornografischen Inhalten. Bis zum 18. Lebensjahr haben fast alle Jungen und auch ein Großteil der Mädchen bereits Pornos gesehen, heutzutage sind es die harten Internetpornos. Jugendliche müssen hier pädagogisch abgeholt werden – das Buzzword lautet oft „Medienkompetenz". Aber Medienkompetenz reicht nicht – wir haben es hier nicht mit aggressiven Ego-Shooter-Videospielen zu tun, sondern mit der Darstellung eines essenziellen Teils von uns Menschen, der Sexualität. Was speziell den Porno betrifft, ist die Medienkompetenz schnell abgefrühstückt: Mal ehrlich, welche „Kompetenz" möchte man den Jugendlichen denn im Umgang mit Pornos vermitteln für ihr späteres Liebes- und Sexleben? Das Wissen, dass es Pornos gibt? Dass Pornos unrealistische Performance sind, aber dass es befreiend oder lehrreich sein kann, sie zu gucken? Der Schlüssel ist, jungen Menschen beizubringen, was Intimität ist und was sie nicht ist – und hier ganz besonders, was den Kern zwischenmenschlicher Verbindung ausmacht. Eine erfüllte Sexualität braucht Verletzlichkeit und Verbindung – dies kann kein Porno leisten und auch keine Performance, die man anhand eines solchen Videos gelernt hat.

Man wird nicht verhindern können, dass Jugendliche früher oder später pornografische Bilder sehen – und zu Recht verunsichert sind, Fragen stellen, sich wahrscheinlich auch schämen, wenn sie von ihren Eltern darauf angesprochen werden. Hier müssen Erziehungsberechtigte und Bildungseinrichtungen empathisch und ruhig abholen, einordnen, Jugendliche an die Hand nehmen und ihnen zuhören – und ihnen vor allem Intimitätskompetenz vermitteln. Vermutlich müsste man hier auch früher ansetzen und schon mit Kindern über die wesentlichen Bestandteile von Intimität sprechen, über Liebe, Kuscheln, Freundschaft, Verbundenheit, über Gefühle von Sympathie und Empathievermögen. Schon mit Kindern kann man altersgemäß über diese Themen sprechen. Und vor allem auch darüber, wie man seine Gefühle benennt und mit ihnen achtsam umgeht – all das, was den Kern von Intimität ausmacht. Wir müssen junge Menschen ernst nehmen und ihnen den sicheren Rahmen bieten, in dem sie über ihre Gefühle sprechen können, im Kontext von Liebe, Sexualität und Bindung. Wenn Pornokonsum problematisch wird, dann hat dies nicht nur mit Dopaminübersättigung im Gehirn zu tun, sondern auch mit der Flucht vor Gefühlen, mit Gefühlen von Einsamkeit und Minderwertigkeit und einer Überforderung im zwischenmenschlichen Bereich. Da müssen wir ran. Im Kontext einer solchen Intimitätsbildung für junge Menschen hat ein Verweis auf die Existenz von Pornos seine absolute Berechtigung, schließlich sollten sich Jugendliche nicht schlecht fühlen, weil sie Pornovideos geschaut haben. Trotzdem sollte gemeinsam mit den Erwachsenen eine Einordnung stattfinden, damit Jugendliche verstehen, was Porno im Kern ist, was Porno bewirkt, im Positiven wie im Negativen, und wo ganz klar die Beschränkungen und Unzulänglichkeiten des Genres liegen.

TEIL III

Er leben

INTIMITÄT KULTIVIEREN

Intimität ist für uns Menschen so wundervoll und wichtig – und sie ist alles nichts, wenn die Praxis fehlt. Wir alle haben Wünsche und Bedürfnisse, und wenn wir diese für andere offenlegen, kann die Intimitätspraxis losgehen. Verbindung entsteht durch Tun, jeden einzelnen Tag, von Augenblick zu Augenblick. Wenn wir einmal begriffen haben, dass wir Intimität hegen und pflegen müssen, dann fällt es uns leicht, Momente der Bindung und des Gefühls in unserem Leben zu schaffen. Also, legen wir los!

- Die Übungen in diesem Teil decken verschiedene Bereiche der emotionalen und körperlichen Intimität ab und bieten einen sicheren Raum, in dem Nähe, Verletzlichkeit und Berührung gewagt werden können.
- Jede Übung steht für sich allein, aber sie kann selbstverständlich auch mit anderen Übungen aus diesem Teil kombiniert werden.
- Die Übungen für Intimität sind für zwei Personen konzipiert und brauchen zwei Personen, die genau das miteinander praktizieren möchten: Intimität.

Intimität braucht Zeit und Raum, deshalb sollten wir die Intimitätspraxis auch langsam angehen, ohne Druck. Damit wir sie langfristig und tief miteinander erleben können, müssen wir immer wieder Momente der Verbindung miteinander schaffen. Diese Übungen dürfen mit der Zeit gerne fester Bestandteil in der Partnerschaft werden. Und sie dienen hoffentlich als Inspiration und Anregung für tiefere Gespräche, mehr Verletzlichkeit und noch liebevollere Berührungen.

Positive Empfindungen, wie mehr Vertrautheit, ein sinnlicheres Körpergefühl oder große Geborgenheit, erlebt man meist schon, wenn man die Übungen zum ersten Mal macht, aber Konsistenz ist wichtig. Intimität sollte man nicht als Sprint, sondern als Marathon begreifen, denn sie kommt nicht laut daher, sondern leise und sanft, über die Länge der Distanz. Genauso leise und sanft fühlen sich die Veränderungen in der eigenen Intimität an. Es ist eine feine Arbeit in die Tiefe und die Ruhe miteinander, die sich langfristig auszahlt.

DIE ÜBUNGEN VORBEREITEN

Für jede Übung solltet ihr einen angemessenen Rahmen schaffen, in dem ihr euch wohlfühlt und Intimität zulassen könnt. Was ihr dafür braucht:

- Ausreichend Zeit, um die Übungen in Ruhe und ohne Hektik ausprobieren zu können. Auch wenn manche Einzelübungen nur 5 bis 10 Minuten dauern, sollte man sie nicht einfach zwischendurch machen. Nehmt euch Zeit für den Austausch miteinander, für andere Übungen, gebt der Intimität den Raum, der ihr gebührt. Das schafft auch für euer Erleben einen viel schöneren Rahmen, erlaubt euch, das Miteinander bewusster zu fühlen.

- Einen ruhigen, gemütlichen Raum, in dem ihr ungestört seid. Schafft euch eine angenehme Atmosphäre, in der eure Aufmerksamkeit beieinander ist, zum Beispiel ein Bett oder ein weiches Lager, auf dem ihr gemütlich sitzen oder liegen könnt.
- Kissen und Decken nach Bedarf
- Sanftes Licht durch dimmbare Lampen oder Kerzen
- Bequeme Kleidung
- Bei Übungen, in denen massiert wird: eine kleine Flasche Öl in einem warmen Wasserbad, damit es angenehm temperiert ist. Ich empfehle Kokos- oder Mandelöl. Das warme Wasserbad gelingt gut mit Stövchen und Teelicht, auf das man eine (hitzebeständige!) Glasschale mit Wasser stellt.
- Wenn ihr mögt: leise Musik. Ich empfehle instrumentale Musik, denn Texte können zu sehr ablenken. Für eine gelungene Intimität sollte der Kopf frei sein.
- Schaltet eure elektronischen Geräte aus. Falls ihr euer Handy als Timer in einer Übung benutzt, dann schaltet es vorab in den Flugmodus.

Einen sicheren Rahmen miteinander schaffen

Wenn wir zueinander in Verbindung treten möchten, dann müssen wir uns sicher und geschützt miteinander fühlen. Sicherheit ermöglicht Entspannung und Loslassen. Erst wenn wir miteinander einen sicheren Rahmen gesetzt haben, können wir uns öffnen, uns verletzlich machen und uns mitteilen, mit der Gewissheit, dass wir mit unseren Gedanken, Gefühlen und Bedürfnissen gesehen, gehört und angenommen werden. So entsteht dieser Rahmen:

1. Trefft vorher die für euch wichtigen Vereinbarungen über die gemeinsame Intimität: Was braucht ihr, damit ihr euch sicher und wohlfühlt?
   Vereinbarungen, die ihr miteinander trefft, können sein:
   - Dies ist unser gemeinsamer Raum. Was wir hier miteinander teilen, bleibt in diesem Raum.
   - Wir begegnen uns respektvoll und wertschätzend.
   - Wir kommunizieren achtsam miteinander.

   Usw.
2. Macht vor einer Übung miteinander einen Check-in (s. u.) und nehmt euch danach Zeit für den gemeinsamen Austausch, den Check-out.
3. Kommuniziert eure Grenzen in einem Consent-Check. Jede Grenze ist richtig, so wie sie ist. Sie muss nicht erklärt werden und wird vom Gegenüber auch nicht hinterfragt.
4. Vereinbart miteinander ein Safeword (s. u.) oder eine (nonverbale) Safegeste, mit der ihr eure Übung jederzeit abbrechen könnt.

Den sicheren Rahmen setzen: Check-in und Check-out

In der Intimitätskoordination ist ein Check-in Standard: Ich mache ihn gemeinsam mit den Schauspielern, bevor wir an einer intimen Szene arbeiten, also bevor sie einander überhaupt berühren. Warum? Um eine Grundlage für Berührung zu schaffen. Weil sich Körper und Psyche jeden Tag anders anfühlen und wir für Intimität Sicherheit brauchen: Wie ist die Lage – heute? In diesem Moment?

Dauer: ca. 10 Minuten

Fragen, die ich jedem der beiden Szenenpartner stelle, sind in der Regel: Wie fühlst du dich heute? Hast du irgendwo am Körper Schmerzen oder Verletzungen? Gibt es heute etwas, das für die Arbeit wichtig sein könnte? Gibt es heute bestimmte Grenzen am Körper? Hat sich etwas verändert, seitdem wir das letzte Mal gearbeitet haben?

Das kann man nahtlos für die private Intimitätspraxis übernehmen. Im Grunde haben wir alle bereits gelernt, wie so ein Check-in funktioniert, wenn wir Menschen treffen, die uns wichtig sind. Es beginnt mit der einfachen Frage: „Wie geht es dir?" Und wenn wir dann zuhören und uns wirklich dafür interessieren, was unser Gegenüber uns erzählt, sind wir schon mittendrin, in der Nähe.

In unserem schnelllebigen Alltag mit seinen vielen Verpflichtungen haben wir es leider verlernt, richtig zuzuhören und die Nähe zuzulassen. Ganz generell könnten wir uns vornehmen, auch im Alltag einen solchen Check-in wieder bewusster zu leben. Und zwar nicht nur, um über die erledigten Aufgaben zu sprechen, über Dinge, die im Außen passieren, sondern über das, was uns im Inneren bewegt. Der Check-in ist ein kleiner, feiner Moment für Verbindung, Nähe und Intimität. Er sollte fester Bestandteil in unseren engen Beziehungen sein.

Wir können uns beim Check-in die Zeit für gedankliche und emotionale Nähe miteinander geben, von unseren Gefühlen und Gedanken erzählen und unserem Gegenüber bewusst zuhören. Das funktioniert sowohl in der Partnerschaft als auch in Freundschaften und im Familienkontext.

Variante 1: Mit offenen Fragen

Dauer: ca. 10–15 Minuten

Hier sind ein paar Anregungen für mögliche Fragen. Sie dürfen natürlich gerne ergänzt werden! Die Zeitvorgabe ist ein empfohlenes Minimum – diese 10 Minuten sollten sich, als kurzer Check-in, finden lassen. Wer mag, kann den Check-in natürlich auch länger gestalten.

Was hat dich heute im Lauf des Tages beschäftigt?
Welche Gedanken haben dich heute bewegt?
Welche Gefühle haben dich heute bewegt?
Was hat dich heute belastet?
Was hat dich heute glücklich gemacht?
Was brauchst du jetzt gerade?
Womit fühlst du dich gerade unsicher oder verletzlich?
Wie kann ich dich unterstützen?
Was wünschst du dir jetzt in unserem Kontakt?

Variante 2: Frei erzählen

Dauer: ca. 20 Minuten

Stellt einen Timer: Jeder von euch hat etwa 10 Minuten, um frei zu erzählen. Das Gegenüber hört aktiv zu, ohne zu unterbrechen, zu kommentieren oder Fragen zu stellen. Es geht nur darum, da zu sein und zuzuhören.

Wenn die Zeit für eine Person abgelaufen ist, tauscht ihr die Rollen.

Danach könnt ihr gemeinsam noch einmal in Ruhe über das Erzählte sprechen.

Check-in bei Konfliktsituationen: Zuhören, ohne zu kommentieren

Ein Problem gerade auch in Streit- oder Konfliktsituationen ist das Gefühl, nicht gehört oder gesehen zu werden. Im Check-in hat jede Person Zeit, frei zu reden, das gibt Raum, die Position und die damit verbundenen Gefühle darzustellen. Vertiefende Fragen im Anschluss an die Redezeit helfen, Verständnis zu entwickeln. Wichtig ist, den anderen nicht durch Kommentare zu unterbrechen. Und natürlich die Bereitschaft, den anderen verstehen zu wollen und ihn wahrzunehmen in dem, was ihn bewegt, ohne Bewertung. Die Rückmeldung, dass man die Gefühle des anderen wahr- und ernst nimmt, schult Empathie – und schafft Verbundenheit. Die Geste von „Ich sehe dich und deine Gedanken, ich höre dich, ich verstehe dich“ kann Wunder wirken und sehr friedensstiftend sein in angespannten zwischenmenschlichen Situationen.

An den Check-in schließen sich die einzelnen Übungen an, die ihr euch selbst zusammenstellen könnt. Zum Abschluss einer jeden Intimitäts-Session empfehle ich den Check-out, er ist Teil des sicheren Rahmens und funktioniert in meiner beruflichen Praxis wie eine klassische Nachbesprechung. Fragen, die ich stelle, können sein: Wie ist der Dreh für dich gelaufen? Wie hast du dich beim Spiel der intimen Szene gefühlt? Ist körperlich alles okay? Gab es Momente, die sich unklar anfühlten oder unsicher? Brauchst du ein Cool-down, um aus der Rolle gut herauszukommen?

Nach den privaten Intimitätsübungen funktioniert der Check-out ähnlich. Er muss nicht lange dauern, aber nehmt euch noch einmal einen Moment für den Austausch untereinander. Fragen können sein:

Wie war es für dich?
Wie fühlst du dich jetzt?
Was hat dir besonders gefallen?
Was würdest du dir fürs nächste Mal wünschen?

Mit dem Check-out kann man einen schönen Schlusspunkt setzen – das gelingt besonders, wenn man dem Partner Danke sagt für die Zeit, die Verletzlichkeit und die Intimität, die er mit einem geteilt hat.

Zeigen, führen, sprechen: Der Consent-Check

In unseren Zeiten, wo besonders auf politische Korrektheit – auch im Sprachgebrauch – geachtet wird, sind viele Menschen verunsichert. „Was darf man denn überhaupt noch sagen, was darf ich tun, ohne dass ich Ärger riskiere?" Ja, wir leben in Zeiten, in denen wir neue Vereinbarungen treffen müssen, gerade wenn wir uns kennenlernen oder wenn sich in der Beziehung etwas verändert hat. Der Consent-Check – auf Deutsch könnte man sagen „Berührungsvereinbarung" – ermöglicht uns, am eigenen Körper klare Grenzen zu benennen und miteinander zu vereinbaren, welche Berührungen an welchen Stellen okay sind und welche nicht. Der Consent-Check ist so einfach wie gut, denn er schafft Klarheit, und so entstehen Sicherheit und Vertrauen im Körperkontakt.

Runde 1: Zeigen

Person A und Person B stehen einander gegenüber.
Person A führt ihre beiden Handflächen langsam über den eigenen Körper, sie fährt damit einmal vom Scheitel bis zur Sohle. Dabei kann Person A erklären, wo ein „Ja" am Körper ist und wo ein „Nein" ist: „Am Hals berühren ja, aber nicht fest sondern nur ganz sanft" – beispielsweise „Brustansatz ja, Brustwarzen nein" usw. Um die Körperrückseite zu zeigen, dreht man sich am besten um, damit Person B alles gut sehen kann.

Person B beobachtet derweil und gibt am Ende der Runde Feedback an Person A, was sie gesehen hat, stellt klärende Fragen, falls sie eine Grenze nicht eindeutig erkennen konnte. Dann tauschen beide die Rollen.

Runde 2: Führen

Der Ablauf ist ähnlich wie in Runde 1, aber jetzt nimmt Person A die Hände von Person B und führt diese mit Kontakt

am eigenen Körper entlang. Auf diese Weise kann Person B für sich prüfen, wo sie Person A berühren möchte und wo nicht. Vielleicht ist es für Person A okay, am Gesäß berührt zu werden, aber Person B möchte dort nicht berühren. Oder Person A sagt „Küssen mit Zunge ist für mich total okay" und Person B möchte in dem Moment ohne Zunge küssen. Es geht darum, den Consent in beide Richtungen herzustellen.
Wichtig: Die Person, deren Hände geführt werden, bleibt passiv – die andere Person übernimmt die Führung!
Warum? In der Kampfchoreografie gibt es die Regel, dass die Person, die die (simulierte) Gewalthandlung vom Kollegen empfängt, auch die Person ist, die führt. Das ist ein unverzichtbares Sicherheitsprinzip und gerade für den Schauspieler, der geschlagen wird, ist es wichtig, die Kontrolle über die Berührung haben.

Für intime Berührungen am Körper gilt das gleiche Prinzip: Die Person, die die Hände des anderen führt, hat die Kontrolle. Das gibt ein großes Gefühl von Sicherheit und körperlicher Autonomie. Insbesondere für Menschen, die Grenzverletzungen am Körper erfahren haben, ist dies ein tolles Werkzeug, um wieder Sicherheit und Vertrauen in der Berührung am Körper zu fühlen.

Grenzen sind nicht verhandelbar

Grenzen müssen nie erklärt werden. Eine Grenze ist gut und genau richtig, so wie sie ist.

Nein ist ein kompletter Satz und bedarf keiner weiteren Erläuterung.

Der Consent-Check ist immer eine Momentaufnahme. Grenzen können sich verschieben, eine Berührung, die an einem Tag völlig in Ordnung ist, kann sich an einem anderen Tag komisch oder nicht richtig anfühlen. Auch das ist normal und sollte keiner weiteren Erklärung bedürfen.

Runde 2 kann eine sehr schöne, zärtliche Art sein, mit dem Partner in die Berührung und ins Fühlen zu kommen und spielerisch mit der gemeinsamen Intimitätserfahrung zu beginnen. Führt die Hände eures Gegenübers dafür langsam und bewusst über den eigenen Körper. Spürt nach, erkundet gemeinsam, welche Berührungen guttun und welche nicht. Langsam ist das Schlüsselwort!

Runde 3: Sprechen

Wenn ihr mögt, dann stellt einander beim Consent-Check folgende Fragen als Erweiterung des Check-in:

Wo darf ich dich heute am Körper berühren? Wo nicht?
Gibt es Körperteile, die heute sehr sensibel sind?
Wie möchtest du heute berührt werden? Was ist dir wichtig?
Wie kann ich dafür sorgen, dass es für uns beide ein schönes Gefühl ist?
Kannst du mir die Hände führen und zeigen, wo und wie ich dich berühren darf?
Gibt es rote Linien für dich?
Wollen wir ein Safeword vereinbaren, mit dem wir jederzeit stoppen können?

Tipp: Safeword

In der Intimitätskoordination arbeite ich mit Safewords und einem nonverbalen *Cue* (zum Beispiel einer Handgeste) als Zeichen, wenn die Arbeit abgebrochen werden soll. Das Wort kann komplett unverfänglich sein, wie zum Beispiel „Kaffeepause“ oder „Haustür“, selbstverständlich geht auch „Stopp“. Aber ein untypisches Wort hat eine etwas stärkere Signalwirkung. Auch im Privaten ist es ein gutes Tool, zum Beispiel in einer Streitsituation, wenn die Emotionen hochkochen und eine Person Zeit braucht, um sich zu beruhigen und später in Ruhe weiterzusprechen. Aber auch in der körperlichen Intimität kann man dieses Stoppsignal vereinbaren und setzen.

Für mehr Sicherheit: Wie ich Grenzen und Bedürfnisse besser fühlen und kommunizieren kann

Check-in und Consent-Checks sind großartige Werkzeuge, um Grenzen und Gefühle verbal und in der Berührung auszudrücken. Aber das Aussprechen und Verbalisieren der eigenen Gefühle und Gedanken kann auch eine Herausforderung sein, insbesondere für Menschen, die schon einmal Grenzverletzungen erfahren haben, die sich vielleicht im Schreiben wohler fühlen oder die es nicht gewohnt sind, offen und spontan über diese Dinge zu sprechen. Deshalb empfehle ich, den Consent-Check ruhig auch einmal anders auszuprobieren und gemeinsam zu schauen, was für euch die angenehmste Variante ist. Hier ein paar Tipps für mehr Sicherheit und Entspanntheit beim Consent-Check:

Langsamkeit:
Wichtig ist, den Druck rauszunehmen bzw. umso mehr darauf zu achten, dass Zeit und Raum gegeben sind, um in Ruhe die eigenen Grenzen und Bedürfnisse zu spüren.

Kanalwechsel:
Sprecht darüber, wie ihr gerne Consent aushandeln wollt. Eine Möglichkeit kann ein Kanalwechsel sein: Anstatt über die Grenzen direkt miteinander zu sprechen, nimmt sich jeder Zeit für sich, ohne dass der andere dabei ist, und schreibt für sich Grenzen und Bedürfnisse auf. Manchen Menschen fällt es leichter, Gedanken und Gefühle schriftlich zu notieren und zu reflektieren. Das schafft eine zusätzliche zeitliche Barriere, bevor man sich dem anderen mitteilt. Auch diese Möglichkeit kann Druck und Stress verringern.

Wortwechsel:
Anstatt mit Ja und Nein kann man auch mit einem Ampelsystem arbeiten, also in etwa: Grün ist schön und erwünscht, Gelb ist noch in Ordnung, Rot geht gar nicht. Auch das fällt manchmal leichter, weil diese Worte eine weniger scharfe Konnotation haben als das sehr direkte Ja oder Nein – aber trotzdem sind sie klar in ihrer Bedeutung und können Grenzen auch eindeutig benennen.

Grenzbestärkung:
Ein „Danke dir“ oder das Angebot „Wie kann ich dich unterstützen?“ können für zurückhaltende Menschen, die sich schwertun, ihre Grenzen zu benennen, sehr wertvoll sein. Wenn dein Gegenüber dir eine Grenze zeigt, dann ist

ein wertschätzendes Feedback eine einfache, aber sehr wirksame Art, diese Grenze zu bestärken und deinem Partner ein gutes Gefühl zu geben.

Was tun, wenn eine Grenze überschritten wurde?

Ob im privaten oder im beruflichen Leben: Es kann auch bei den aufmerksamsten Menschen passieren, dass aus Versehen Grenzen überschritten werden, sei es, weil die ausführende Person nicht achtsam genug war, sei es, dass die empfangende Person ihre Grenze zuvor noch gar nicht kannte. Was tun? Sprecht miteinander! Nutzt den Check-in zwischendurch, tauscht euch nach gemeinsamer Intimität aus.

VERLETZLICHKEIT UND VERBUNDENHEIT ERLEBEN

Verletzlichkeit und Intimität gehören zusammen – hier kann tiefe Berührung empfunden werden, hier begegnen wir dem Intomesee: einem liebevollen Sehen, Wahrnehmen und Halten. Für diese wie für die anderen Übungen gilt: Schafft euch einen sicheren, angenehmen Rahmen, nehmt euch Zeit – los geht's!

Intomesee: Seelenblicke

Dauer: 10 Minuten

Sitzend • angezogen

„Die Augen sind das Tor zur Seele." Eine der tiefsten Formen von Intimität, die Verbundenheit, Nähe und Offenheit herstellt und gleichzeitig sehr verletzlich machen kann, ist der Blickkontakt – nicht der kurze Blickwechsel, sondern der echte Seelenblick mit liebevollen Augen.

Zu sehen und gesehen zu werden kann eine sehr intensive Erfahrung sein. Nicht umsonst halten wir den Blickkontakt im Alltag nur eine bestimmte Zeit. Starren gilt als unnatürlich. Aber Seelenblicke haben mit Anstarren nichts zu tun, es handelt sich um ein Erkennen und Halten, um ein bewusstes Wahrnehmen der anderen Person und ihres Innenlebens.

Wem dieser intensive Blick durch die Augen in die Seele eher unangenehm ist, der kann alternativ auf die *liebevolle Umarmung* (s. u.) ausweichen.

Anleitung

Stellt einen Timer auf 10 Minuten. Setzt euch gegenüber voneinander bequem hin, nehmt Blickkontakt zueinander auf und haltet ihn für die Dauer des Timers. Versucht, den Blick weich zu halten und offen. Es kann helfen, nur ein Auge des Partners zu fokussieren.

Wenn die Zeit um ist, beendet ihr den Blickkontakt und bedankt euch. Ihr könnt euch auch gerne umarmen oder einen Augenblick an den Händen halten. Diese Berührung nach dem intensiven Blickkontakt kann einen erden und wieder im Hier und Jetzt verankern. Ein wunderbarer Schlusspunkt für diese Übung!

Hand-Herz-Atem

Dauer: 10 Minuten

Sitzend • angezogen

Ein sehr beruhigende, sehr stark verbindende Übung, die

sich gut für Paare eignet, aber auch für Menschen, die einander körperlich vertrauen.

Die Hand der anderen Person auf das eigene Herz zu legen, ist eine ziemlich intime Geste. Sie macht verletzlich, aber sie gibt gleichzeitig Sicherheit und Vertrauen und kann beruhigend und harmonisierend wirken. Sie ist eine Form des stillen Check-in ohne Worte und erlaubt es beiden Menschen, die Verbindung miteinander zu spüren, einander wahrzunehmen und, durch die liebevolle Berührung am Herzen und das gemeinsame Atmen, miteinander in eine körperliche Harmonie zu kommen.

Anleitung

Nehmt Blickkontakt auf und verbindet euch für einen Moment über die Augen. Atmet einmal tief gemeinsam ein und aus. Beide Personen legen mit ihrer eigenen rechten Hand die linke Hand des anderen auf ihre Herzregion (Brustbein) und legen die eigene Hand darüber. Die Übung kann mit Blickkontakt oder mit geschlossenen Augen durchgeführt werden – oft ist es intensiver, die Augen zu schließen, da man sich so ganz auf die Verbindung über die Berührung konzentrieren kann.

Halten und gehalten werden

Es ist eine Ursehnsucht von uns Menschen, gehalten zu werden. Hierin artikuliert sich unser tiefes Bedürfnis nach Geborgenheit, nach liebevoller, zärtlicher Berührung. Und hierin drückt sich tiefe Intimität aus. Es gibt keine gesündere und heilsamere Kontaktform für uns Menschen als die Umarmung – und vielleicht keine, die wir mehr brauchen.

Die Psychotherapeutin Virginia Satir bemerkte zum Thema: „Wir brauchen vier Umarmungen pro Tag zum Überleben, acht Umarmungen pro Tag, um uns gut zu fühlen, und zwölf Umarmungen pro Tag zum innerlichen Wachsen." Das finde ich einen sehr wahren Satz und daran knüpfen die folgenden Übungen an.

Liebevolle Umarmung

Dauer: 5 Minuten • ohne Zeitlimit

Stehend • angezogen

Die liebevolle Umarmung geht in die Tiefe: Man hält und wird dabei gehalten, über mehrere Minuten hinweg, ohne große Bewegungen zu machen und ohne zu sprechen. Für Menschen, denen der Seelenblick zu intensiv ist, ist die liebevolle Umarmung eine schöne Alternative.

Von den zahlreichen gesundheitlichen Vorteilen von Umarmungen einmal abgesehen, spenden sie ein tiefes Gefühl von Geborgenheit, Ruhe, Nähe und Akzeptanz.

Anleitung

Die liebevolle Umarmung braucht keine weitere Erklärung. Wichtig ist wie immer: Nehmt euch Zeit. Genießt die absichtslose liebevolle Umarmung, sie findet im Alltag selten bis nie statt!

Umarmungsvariante: Yab-Yum

Dauer: 10 Minuten • ohne Zeitlimit

Sitzend • angezogen

Für die Yab-Yum-Umarmung setzt sich Person A (in der Regel der Mann) in einen Schneidersitz oder streckt die

Beine nach vorne. Person B (meist die Frau) setzt sich auf seinen Schoß und umfasst mit ihren Beinen seinen unteren Rücken. Ihr habt nun Kontakt an Becken, Bauch und Brust und könnt einander umarmen.

Ihr könnt euch Wange an Wange umarmen, oder ihr legt die Stirn aneinander und schließt die Augen dabei.

Umarmungsvariante: Schaukelstuhl

Dauer: 10 Minuten • ohne Zeitlimit

Sitzend • angezogen

Eine Umarmung, die ein Gefühl tiefer Geborgenheit und Sicherheit vermittelt. Diese Übung ist auch sehr gut für Menschen geeignet, die wieder Vertrauen im Körperkontakt aufbauen möchten. Hier kann man loslassen und ausruhen.

Anleitung

Person A (aktiv haltend) setzt sich bequem auf den Boden, lehnt sich bei Bedarf mit dem Rücken an. Person B (passiv) setzt sich zwischen die Beine von Person A und lehnt sich mit dem Rücken an die Brust von Person A. Person A umarmt Person B von hinten, Person B kann ihre Hände auf die Arme von Person A legen oder sie entspannt auf den Beinen platzieren.

Ihr könnt so ruhig in der Umarmung sitzen; Person A kann auch sanft schaukeln und dadurch den Körper von Person B wiegen. Person B kann ihr Gewicht ganz abgeben, den Hinterkopf an die Brust von Person A gelehnt.

Diese Umarmung funktioniert für beide Geschlechter.

LIEBEVOLLE BERÜHRUNGEN PRAKTIZIEREN

Wie ich in Teil 2 beschrieben habe, sind Hände extrem wirkmächtig, sie erzählen Gefühle: Wer berührt wird, spürt, ob die Hände liebevoll und zärtlich sind. Unsere Hände schaffen Intimität und vertiefen sie. Sie sind im Rahmen von Zärtlichkeit und Fürsorge unsere besten Akteure. Je sanfter und liebevoller die Hände, je langsamer, desto intimer. ***Wichtig:*** Bitte keine kalten Hände auflegen. Achtet bei allen Hand-Übungen auf warme und weiche Hände. Legt in eure Berührungen immer eine Intention von Zärtlichkeit und Fürsorge.

Fürsorgliche Hände

Dauer: 10 Minuten • ohne Zeitlimit

Sitzend • angezogen

Bildet gemeinsam ein „Hand-Nest“: Person A hält eine Hand von Person B in beiden Händen, legt sozusagen ein schützendes Nest um die Hand von Person A.

Damit die Position bequem zu halten ist, kann Person A die nicht dominante Hand zum Beispiel im Schoß oder auf dem Oberschenkel ablegen. Person B legt ihre Hand in der Hand von Person A ab und Person A legt nun ihre dominante Hand darüber und formt so das Nest, in dem die Hand von Person B ruht.

Ihr könnt Blickkontakt halten, Person B darf auch die Augen schließen, sich entspannen und einfach nur fühlen und sich ganz auf das Gefühl der Handberührung konzentrieren. Person A sollte die Augen auflassen und über Person B wachen.

Varianten zur Vertiefung

Liegend

Person B liegt auf dem Boden, die Augen geschlossen. Person A sitzt neben ihr auf Höhe der Taille und hält die Hand von Person B mit beiden Händen in ihrem Schoß.

Wer mag, verbindet dies mit der Handmassage.

Handmassage

+ Massageöl im Wasserbad

Nehmt euch Zeit für diese Massage, sie erfordert die Hingabe, alle Anteile der Hand sanft zu massieren und zu berücksichtigen: Handrücken, Innenfläche, die einzelnen Knöchel und Finger, auch das Handgelenk ist sehr berührungsempfindlich!

Geht langsam, bewusst, tief und liebevoll vor. Spürt den Muskeln nach und genießt jeden Moment als Geschenk der Berührung. Dehnt ruhig ein wenig, zieht die Finger etwas – das tut gut! Insbesondere Menschen, deren Hände durch Smartphone oder Tastaturen verspannt sind, lieben die Handmassage.

Kopfmassage/den Kopf halten

+ Massageöl für den Nacken (Öl auf die Kopfhaut vorher absprechen)

Kann im Anschluss an die Handmassage erfolgen

Eine liebevolle, entspannende und intime Übung ist es, wenn ein Partner mit seinem Kopf im Schoß des anderen Partners ruhen kann oder dieser den Kopf mit seinen Händen hält.

Partner A liegt, der Kopf ruht bequem auf einem Kissen oder auf einer weichen Unterlage. Partner B positioniert sich so dahinter, dass er den Kopf in seinen Händen halten kann. Diese haltende Ausgangsposition wird oft als sehr geborgen und angenehm empfunden, denn die Person, deren Kopf gehalten wird, kann hier „abgeben“. Unser Kopf ist oft voll mit Gedanken, Sorgen, Gefühlen, auch sprachlich drücken wir das gerne aus: „Ich bin total in meinem Kopf“ oder „Ich bekomme den Kopf nicht frei“. So mancher Mensch bezeichnet sich mitunter als „kopflastig“.

Das Kopfhalten erlaubt uns, diese „Kopflast“ abzugeben. Es ist eine Wohltat, im Kopfbereich loszulassen; für Frauen, aber insbesondere auch für Männer, die, tendenziell, mehr in ihrem Kopf sind. Das Gewicht des Kopfes wird komplett vom Partner gehalten. Es ist eine Position, die zur Verletzlichkeit und zum Vertrauen einlädt, denn man gibt seinen Kopf, diesen empfindsamen Körperteil, unsere Zentrale, wo wir schalten und walten, in die Hände einer anderen Person.

Wer mag, verbindet das Halten des Kopfes mit einer ausführlichen Massage von Kopfhaut, Nacken, Schultern und Gesicht. Hier sollte man besonders achtsam und weich in den Händen sein, denn diese Körperpartien sind sehr empfindlich.

Wenn ihr das Gesicht massiert, dann führt die Bewegungen nicht zur Gesichtsmitte, sondern nach außen und oben zu den Gesichtsrändern hin – streicht von innen nach außen. Das gibt der massierten Person ein Gefühl der Öffnung, Entspannung und Leichtigkeit.

Fußmassage

+ Massageöl im Wasserbad

+ Waschlappen, kleines Handtuch und Decke

Kann nach der Handmassage und Kopfmassage erfolgen

Unsere Füße, die uns selbstverständlich durch das Leben tragen, werden oft vergessen, sowohl in unserem Alltag als auch im körperlichen Kontakt. Dabei sind sie hochempfindlich! Es lohnt sich, sie liebevoll zu berühren, denn Füße fühlen Berührung noch einmal ganz speziell. Eine liebevolle Fußmassage vermittelt Erdung, Sicherheit und Ruhe. Gleichzeitig kann die Berührung an Füßen und Knöcheln sehr intensive Gefühle hervorrufen und als hochsinnlich empfunden werden.

Anleitung

Person A liegt bequem, die Augen geschlossen. Person B legt beide Handflächen auf die Fußrücken von Person A und erdet so die Füße. Dann einen Waschlappen oder ein kleines Handtuch ins warme Wasserbad tauchen und die Füße sanft damit waschen und danach abtrocknen. Anschließend jeden Fuß einzeln mit Öl massieren.

Lasst euch Zeit in den Berührungen, für das Fühlen und Auflösen von Spannungen im Fußrücken und in der Fußsohle, für die einzelnen Muskeln und Knochen. Bezieht auch die Zehen und Knöchel mit in die Berührung ein. Wer möchte, kann auch Waden und Schienbein mitmassieren, gerade hier sitzt gerne viel Spannung. Wenn ihr die Fußmassage beendet habt, deckt die Füße zu, setzt euch zurück neben den Partner und wartet, bis er die Augen öffnet. Als Abschluss könnt ihr eine Hand des Partners im Hand-Nest halten, oder ihr legt eine Hand auf die Herzregion, die andere Hand auf die Bauchregion knapp unter dem Bauchnabel.

Sinnlichkeit geben und empfangen: Absichtslose Berührung

Dauer: 10 Minuten • ohne Zeitlimit
Sitzend • liegend • stehend • angezogen oder nackt
+ auch als Element der partnerschaftlichen Sexualität
Wechsel von Berührung (aktiv) geben und (passiv) empfangen

Die absichtslose Berührung ist genau das, was der Name sagt: absichtslos. Sie ist Berührung um der Berührung willen, deren Intention liebevoller und zärtlicher Hautkontakt ist. Sie will nicht stimulieren oder erregen, sie will nur berühren. Sie verfolgt kein Ziel, außer, die Haut des anderen Menschen zu fühlen und Intimität aufzubauen.

Für manche Menschen ist es eine ungewohnte Erfahrung, an ihren intimen Körperteilen anders als mit der Absicht von Stimulation und Lusterzeugung gestreichelt zu werden. Dabei eröffnet die absichtslose Berührung ein komplett neues Empfinden, eine viel feinere Sinnlichkeit, als es reguläre sexuelle Stimulation vermag.

Diese Übung ist für alle Paare geeignet, aber besonders für diejenigen in langjährigen Beziehungen ist sie ein Gewinn. Vielleicht hat die Leidenschaft über die Jahre nachgelassen, vielleicht laufen Intimität und Sex nach einem festen Schema ab – über die absichtslose Berührung können alte Muster durchbrochen und der Körper des Partners neu entdeckt werden. Und vielleicht entsteht so eine ganz neue Lust?

Anleitung

Beide Partner wechseln sich ab im Geben und Empfangen der Berührung. Eine Person ist nur aktiv, die andere nur passiv, bis die Rollen getauscht werden.

Langsam, liebevoll, bewusst: Die Person, welche die Berührung gibt, bleibt in der Berührung weich und ohne Ziel. Mal streichen die Fingerkuppen, mal die Handfläche oder der Handrücken.

Der ganze Körper darf im Rahmen der vereinbarten Grenzen berührt werden. Wenn erlaubt, dann dürfen auch Brüste, Brustwarzen sowie die Genitalien berührt werden. Berührt ja – stimuliert nein: Die absichtslose Berührung ist niemals Stimulation, wenn der Intimbereich oder die Brüste berührt werden, dann beiläufig und ohne Absicht. Die Berührungen bleiben explorativ, zärtlich und weich.

Stille Vereinigung

Dauer: 60–90 Minuten

Liegend • angezogen oder nackt

Diese Übung nimmt für beide Partner jeglichen Stress oder Performancedruck aus dem intimen Kontakt. Sie verfolgt kein Ziel, hat keinen Zeitdruck, benötigt kein Erregungslevel und führt nicht zum Orgasmus. Das Herz verbindet sich mehr noch als die Genitalien, während der Kontakt gleichzeitig Sensibilität, Durchblutung und Feinfühligkeit im Genitalbereich verbessert. Beide Partner fühlen mehr und tiefer, und dies sanfter und nachhaltiger. Manche beschreiben das Empfinden während der stillen Vereinigung insgesamt als noch lustvoller als „echten Sex". Das Empfinden dieser Lust ist feiner, tiefer, nuancierter, zufriedenstellender.

In langjährigen Beziehungen ermöglicht die stille Vereinigung einen neuen körperlichen Zugang zueinander, kann Lust neu entfachen und stärken.

Nach Konfliktsituationen in der Partnerschaft kann diese Form der Intimität wieder Nähe herstellen, sie bringt Ruhe in die Verbindung, schafft Frieden und eine tiefe Zufriedenheit auf beiden Seiten. Die stille Vereinigung ist beziehungsstiftend und mitunter sogar beziehungsrettend.

Bei dieser Übung liegen beide Partner nah beieinander, mit Kontakt im Genitalbereich – ohne oder mit Penetration. Sie wird oft als „weiche Penetration" bezeichnet, denn für diese Position ist keine Erektion notwendig.

Diese Übung eignet sich primär für Paare oder für zwei Menschen, die miteinander körperlich intim sind und einander vertrauen. Mit weicher Penetration ist diese Übung für ein Frau-Mann-Paar möglich; für gleichgeschlechtliche Paare ist diese Übung mit externem Genitalkontakt möglich.

Stille Vereinigung und Erektionsstörungen

Erektionsstörungen sind ein großes Thema bei Männern, manchmal auch schon in jüngeren Jahren. Aus diesem Grund wird die stille Vereinigung gerade für Männer empfohlen. Für sie ist es eine Wohltat, keinerlei Stress im Rahmen von Intimität zu verspüren: Ob er steht und wenn ja, wie lange, spielt hier keine Rolle. Es geht nur ums Fühlen und um die Verbindung beider Partner miteinander.

Trotzdem sollten körperliche Ursachen für Erektionsstörungen medizinisch abgeklärt werden. Wenn keine vorliegen, dann ist die stille Vereinigung als regelmäßige Praxis zu empfehlen – sie wirkt sich nachweislich positiv auf das männliche Erektionsvermögen aus.

Anleitung

Variante 1: angezogen

Für gegen- und gleichgeschlechtliche Paare

Für Frau und Mann: Sie liegen nebeneinander, er auf der Seite mit dem Gesicht zu ihr, sie auf dem Rücken. Sie legt ihr Bein, das näher am Partner ist, über seine Hüfte, er legt sein Bein (das in der seitlichen Lage oben ist) bequem zwischen ihre Beine. Beide rutschen so nah aneinander in dieser Position, bis ihre Genitalien (Penis und Vagina) durch die Kleidung Kontakt miteinander haben.

Für gleichgeschlechtliche Paare spielt es keine Rolle, wer dem Partner das Bein über die Hüfte legt – entscheidet selbst nach euren Vorlieben!

Variante 2: nackt, ohne Penetration

Für gegen- und gleichgeschlechtliche Paare

Sie funktioniert wie Variante 1, nur dass beide nackt sind. Auch hier haben die Genitalien Kontakt, aber ohne Penetration: Der Penis liegt außen am Eingang der Vagina. Bei gleichgeschlechtlichen Paaren liegt der Kontaktpunkt jeweils am äußeren Genitalbereich.

Variante 3: nackt, mit weicher Penetration

Mann-Frau-Konstellation

Wenn Barriere verwendet wird: Femidom (Frauenkondom) + Gleitmittel

Die Positionen sind wie in Variante 1. Das Gleitgel großzügig auf den Penis und in die Vagina auftragen. Dann wird, in der scherenartigen Position, langsam der weiche Penis in die Vagina eingefädelt. Es hilft für das Einführen, mit den Beinen den engen Beckenkontakt zu halten und Peniswurzel und Eichel mit den Fingern zu umschließen. Wenn es nicht sofort klappt: Geduld! Wenn es sich zunächst sehr ungewohnt anfühlt, ebenfalls: Geduld.

Haltet bei dieser Übung gerne Blickkontakt, so könnt ihr in den Augen des anderen seine Gefühle ablesen und in einen noch intimeren Kontakt treten. Wer möchte, kann die Hände auf den Körper oder die Herzregion des Partners legen.

Nach der stillen Vereinigung könnt ihr noch gemeinsam kuscheln, reden oder einfach zusammen einschlafen.

Für Paare wichtig: danach bitte keinen „echten" Sex (keine sexuelle Stimulation) mehr. Lasst die Übung für sich stehen und wirken, genießt die Auszeit. Holt den „echten" Sex gerne an einem anderen Tag nach.

Sexpause

Mehr Intimität ist natürlich auch beim Sex wundervoll. Auch hier folgen wir wieder dem Prinzip von Innehalten und Raumgeben. Die Intimität mal landen und sich ausbreiten lassen. In einer Sexszene im Film schaffen wir immer wieder Momente von Nähe und emotionaler Verbundenheit durch: Pausen. Emotionale Intimität braucht diesen Raum, diese Pause inmitten des Sex – hier fühlen wir die Verbundenheit, die Nähe miteinander. Da, wo wir miteinander im Moment stillstehen. Das können wir genau so auch auf den Geschlechtsverkehr übertragen: weniger Performance, mehr Pausen.

Anleitung
Pause bedeutet: keine Sexbewegungen. Findet eure Pause(n) in der Leidenschaft, im Liebesakt: im Moment der körperlichen Vereinigung oder kurz danach; zwischendurch oder nach einem Höhepunkt. Stoppt eure Bewegungen im Becken, haltet einander, tretet in Verbindung zueinander über die Augen.

In so einer Pause muss es nicht so sein, dass ihr erstarrt und gar nichts macht. Ihr könnt einander zärtlich berühren und streicheln, euch gegenseitig die Hand aufs Herz legen. Auch küssen ist erlaubt, aber bleibt ganz sanft, langsam und bringt die Leidenschaft für einen Moment zur Ruhe. Wenn ihr mögt, sagt einander, was ihr gerade fühlt, gebt euch gegenseitig ein liebevolles Feedback. Wie kurz oder lang die Pause dauert, bestimmt ihr, aber gebt euch den Raum und die Ruhe. Die Sexpause ist eine kleine Kraftquelle mit großer Wirkung für Nähe, Erotik und sinnliche Verbundenheit.

DAS DANACH

Ob nur eine Übung gemacht wird oder mehrere am Stück: Nehmt euch nach dem Erleben Zeit für einen Check-out und findet einen schönen Abschluss für diese bewusste Intimitätspraxis. Tauscht euch aus über das, was ihr gefühlt und erlebt habt. Das schafft einen bewussten Rahmen für diese Intimität, vertieft sie, erlaubt euch, das Gemeinsame nachzuschmecken, nachzufühlen. Es intensiviert die Erfahrung und verstärkt das Gefühl von Verbundenheit miteinander.

Wenn es danach zurück in den Alltag geht: Was nehmt ihr mit von diesen intimen Momenten miteinander? Und worauf freut ihr euch, wenn ihr euch das nächste Mal intim, verletzlich, offen, verbunden begegnet?

In der Hektik unseres Alltags ist es manchmal eine Herausforderung, sich die gebührende Zeit und den Raum für eine bewusste Intimitätspraxis zu nehmen, und die hier vorgestellte Auswahl von Übungen erscheint vielleicht auf den ersten Blick etwas zeitaufwendig. Aber sie sind es eigentlich nicht, wenn man bedenkt, dass viele von uns im Alltag bereits „Check-ins“ mit den ihnen wichtigen Menschen praktizieren. Auch ein regelmäßiger Date-Abend, den man traditionell vielleicht im Kino oder in einem schönen Restaurant verbringt, kann zu einem Abend für gemeinsame Intimitätspraxis werden. Probiert es aus. Ich empfehle allen Paaren, ihrer Intimität regelmäßig eine Extrazeit zu gönnen, denn diesen Raum braucht echte Verbindung. In einer Partnerschaft sollte man sich diese kostbaren Momente bewahren, aber auch innerhalb von Freundschaften und Familien ist ein bewusst gesetzter Raum für Verbindung, für Nähe, für Berührung wichtig – gerade in unserer immer schneller werdenden Zeit.

Zusammen etwas Schönes unternehmen, Sport treiben, einen Ausflug machen und diese gemeinsame Zeit noch ausklingen lassen mit einer kleinen Intimitätspraxis – warum nicht? Es ist richtig, die Intimität ist kein Selbstläufer. Wir müssen sie gestalten, ein wenig trainieren, wie unsere Muskeln und unsere körperliche Gesundheit beim Sport. Diese Zeit sollten wir uns nehmen, und eine gesunde Intimität sollte uns genauso viel wert sein wie unsere körperliche

Gesundheit und Fitness. Denn hier geht es um unseren Kern. Es geht darum, die Verbindung zu suchen und die Frage zu stellen: „Wie geht es dir eigentlich?“ Und dann ehrlich dem anderen Menschen zuzuhören und ihm zu spiegeln, dass wir ihn wirklich wahrnehmen. Diese zehn Minuten sollten eigentlich für jeden machbar sein und es uns wert sein im Miteinander.

Das Schöne ist ja, dass die Intimität in jedem kleinen Moment, in dem Verletzlichkeit, Verbundenheit und Berührung zusammenkommen, beginnt. Wie viel Raum wir diesen Momenten in unserem oft stressigen, überfrachteten Alltag mit seinen vielen Verpflichtungen, Terminen und Herausforderungen geben können und wollen, das müssen wir für uns entscheiden. Ob zehn Minuten oder eine Stunde: Zeit für einen „Check-in“ miteinander, fürs genuine Zuhören und Verletzlichmachen miteinander lässt sich eigentlich immer finden, auch wenn der Alltag mal sehr stressig ist. Zeit für eine liebevolle Berührung ist immer und sollte immer sein. Die kleinen Momente des Intomesee, der Verbundenheit, in denen wir Intimität miteinander schaffen, können wir auch im Alltag herstellen: indem wir wirklich sagen, was uns bewegt, was wir fühlen, und indem wir es sagen, wenn wir ein empathisches Ohr zum Zuhören brauchen. Und indem wir unsererseits nachfragen und emotional mitschwingen mit unserem Gegenüber und ihm das Gefühl geben: „Ich sehe dich, ich höre dich.“ Hier, in unserer Alltagskommunikation miteinander, beginnt bereits Intimität und Nähe, und da können wir in unseren zwischenmenschlichen Beziehungen ansetzen.

Auch Momente der liebevollen Berührung, ein weiteres Kernelement von Intimität, lassen sich schon im Kleinen in unseren Alltag integrieren. Indem wir einander beispielsweise mal richtig in den Arm nehmen. Und uns in die Verletzlichkeit trauen, es einander zu sagen, wenn wir eine „richtige“ Umarmung brauchen oder eine liebevolle Berührung.

Liebe Frauen, sagt, was ihr braucht, sagt, wie ihr berührt und gehalten werden möchtet. Liebe Männer, sagt auch ihr, was ihr braucht, wie ihr berührt und gehalten werden möchtet. Und wenn ihr mal keine Lust habt, euch im coolen „bro hug“ gegenseitig auf den Rücken zu hauen, dann sagt es. Das ist überhaupt nicht unmännlich oder irgendwie schwach.

Sprecht miteinander, über Intimität und über intime Szenen. Über eure Lieblingsszenen, über Dinge, die ihr gerne mal in Film und Fernsehen sehen würdet. Auch das ist ein Moment von Intomesee: Wenn ihr das nächste Mal eine Liebes- oder Sexszene in Film oder Fernsehen seht, ob allein oder zu zweit, dann schaut genau hin, macht euch Gedanken darüber, was gefällt und was nicht. Mögt ihr die Berührungen, die ihr dort seht? Die Küsse? Die Art und Weise, wie zwei Figuren miteinander schlafen? Die Gefühle und Gedanken, die dort ausgedrückt werden? Oder würdet ihr die Szene komplett anders schreiben? Auch dies sind kleine, aber wichtige Reflexionen für uns selbst, für die Selbstintimität und das eigene Verständnis von Intimität. Und hieraus ergeben sich spannende, intime Gespräche zu zweit, die den Raum wunderbar öffnen können für Nähe, Offenheit und Verbundenheit.

Auch wenn sich unsere moderne Welt gefühlt jedes Jahr schneller dreht und wir vor lauter Leistungsanspruch nicht mehr stillstehen: Wir müssen einen Muskel in uns trainieren, der uns von außen abgesprochen wird, aber den wir unbedingt brauchen: unsere Langsamkeit, unsere Verletzlichkeit, unsere Ruhe und Muße, einfach nur Zeit miteinander zu verbringen und einander zuzuhören und zu berühren. Dieser Muskel ist weder sexy, noch macht er reich, berühmt oder erfolgreich. Aber er macht uns innerlich frei. Und schafft echte, tiefe Nähe. Also: Sprecht miteinander, macht euch verletzlich, berührt und lasst euch berühren. Für uns alle gilt: Unsere Zeit ist ein kostbares Gut geworden, die Welt ist schnell und unsere Leben voll. Aber es ist möglich, die Intimität bereits in den kleinen Gesten des Alltags zu setzen, und das sollte es uns auch wert sein, denn Intimität ist unser Wesenskern, und das ist das Wichtigste, was wir Menschen zur Verfügung haben und was zählt: unsere Bindungen. Sie zu pflegen und ihnen Zeit und Raum zu geben, sollte uns allen Anliegen sein, denn hierin liegt der Schlüssel zu gelingenden Beziehungen und zu einem tiefen Gefühl von Glück und Zufriedenheit.

Nachwort: Wie Intimität über das Private hinauswirkt

Vor ein paar Jahren war ich Gast bei einem Gesprächspanel und erzählte von meiner Arbeit als Intimitätskoordinatorin. Nach dem Panel sprach mich ein freundlicher Herr aus dem Publikum an. Er erzählte mir, dass er und seine Ehefrau sich in all den Jahren nie Gedanken über diese intimen Szenen in Film und Fernsehen gemacht hätten. Nun guckten sie aber seit einiger Zeit mit Interesse diese „neuen Serien" (die mit Intimitätskoordination arbeiten). Seiner Frau und ihm falle auf, dass die Liebesszenen in diesen neuen Serien irgendwie anders seien. Schöner. Interessanter. Er fuhr fort: „Meine Frau und ich sprechen auch über diese Szenen und wir sprechen jetzt auch mehr miteinander über unsere Intimität, über unsere Wünsche und Bedürfnisse. Wie wir miteinander sein wollen als Paar." Es berührte mich sehr, dass diese neuen Bilder von Intimität für ihn und seine Frau eine Anregung zum Gespräch boten und sie dazu brachten, die gemeinsame Intimität nach vielen Ehejahren neu zu betrachten und auszuloten.

Mit dieser schönen Begegnung zwischen den medialen Bildern und unserem privaten Erleben von Intimität möchte ich dieses Buch und damit unsere Reise durch die Landkarte der Intimität abschließen. Ich möchte dich einladen, deine eigene Intimitätslandkarte weiter zu erforschen, den Weg weiterzugehen und ihn aktiv zu gestalten – in den kleinen, intimen Momenten von Verbindung, Verletzlichkeit und Berührung miteinander.

Mehr noch als Antworten zu liefern, hoffe ich, dass mein Buch Fragen aufgeworfen und neugierig gemacht hat: auf die Magie von echter Intimität, von Nähe und Berührung und von dem, was Intimität im Kern wirklich ausmacht. Ich hoffe, dass mein Buch Interesse an unseren medialen Bildern von Freundschaft, Liebe und Sex geweckt hat und daran, diese ein bisschen genauer, teilweise auch kritischer zu betrachten. Wir sollten die Geschichten, die uns im Kino und Fernsehen erzählt werden, immer hinterfragen, denn sie sagen viel aus über unsere Gefühle und Sehnsüchte.

Aber am meisten wünsche ich mir, dass mein Buch Mut macht, sich verletzlich zu zeigen und sich gegenüber anderen Menschen zu öffnen. Intimität ist nicht bloß eine schöne Nebensächlichkeit. Sie ist der Kern unseres Menschseins. Sie begleitet uns von Geburt an unser ganzes Leben lang. Intimität ist tiefe Verletzlichkeit, Berührung und Verbundenheit und gleichzeitig eine Quelle von Ruhe, Kraft und Stabilität. Nur durch Intimität treten wir Menschen wirklich in Verbindung zueinander. Und damit ist sie gleichzeitig das, was uns Menschen ausmacht und was unser Leben ausmacht.

DANKSAGUNG

Dieses Buch wäre ohne den regen Austausch mit vielen Menschen und die wertschätzende, herausfordernde Unterstützung dieser Menschen nicht möglich gewesen. Ihnen gilt mein Dank aus dem Herzen: Ulrike Melzer von der Agentur Simon, ohne die dieses Buch nicht geschrieben worden wäre und die von Anfang an für dieses Thema brannte. Der Agentur Simon, Sophie Albers Benchamo und Julius Abarbanell. Meiner fantastischen Lektorin im EMF-Verlag, Susanne Haffner, der besten Sparringspartnerin, die ich mir hätte wünschen können, sowie Iris Rinser, die zum Schluss noch einmal jeden Stein mit mir umgedreht hat. Den Journalistinnen und Journalisten, mit denen ich seit 2019 über dieses wichtige Thema sprechen durfte. Meinen wunderbaren Schauspielkolleginnen und -kollegen, für die immer wieder inspirierenden Momente des gemeinsamen Geschichtenerzählens vor der Kamera und auf der Bühne. Den Kollegen in der Intimitätskoordination für den stets regen und kreativen Austausch. Meiner Tantra-Community, von der ich viel über Berührung und Verletzlichkeit lernen durfte. Meiner Familie, immer in meinem Herzen und in meinen Gedanken. Und nicht zuletzt: Danke an alle Menschen, die sich mit mir über die Jahre verletzlich gezeigt haben und mit denen ich mich verletzlich zeigen durfte.

Anhang & Quellen

1 Der Hashtag #metoo erlangte ab Ende 2017 weltweite Bekanntheit, wurde aber bereits 2006 durch die US-amerikanische Aktivistin Tarana Burke geprägt.

2 Jed Diamond (2017): *The One Thing Men Want More than Sex*. In: The Good Men Project. https://goodmenproject.com/sex-relationships/the-one-thing-men-want-more-than-sex-wcz/

In der deutschen Fassung ist der Beitrag abrufbar auf: https://www.focus.de/familie/eltern/eltern-berichten/beziehung-was-maenner-mehr-wollen-als-sex-und-warum-frauen-es-ihnen-oft-nicht-geben-koennen_id_10237642.html (Zugriffsdatum: 7.9. 2023)

3 Zum Thema Kontaktsperre und Hauthunger schreiben zum Beispiel Samira El Ouassil (2020): *Der Hunger nach Haut*. In: Spiegel, 21.05.2020. https://www.spiegel.de/kultur/der-hunger-nach-haut-a-5927996d-661a-40d8-a261-2ef082336d97#:~:text=Hauthunger.,Sinnesorgan%20verhungert%20ohne%20das%20Tasten (Zugriffsdatum: 23.11.2023)

Anna Maria König (2022): *Zwischen skin hunger und leiblicher Vulnerabilität: Phänomenologische Annäherungen an die Erfahrung von Berührungsentzug*. In: LIMINA - Grazer theologische Perspektiven, 5(1), S. 116–137. https://www.limina-graz.eu/index.php/limina/article/view/118 (Zugriffsdatum: 23 November 2023); und Michelle Drouin (2022): *Out of Touch: How to Survive an Intimacy Famine*, Cambridge, Massachusetts: The MIT Press.

4 *Metaphysik VII* 17, 1041b. Das ausführliche Zitat lautet: „Das, was aus Bestandteilen so zusammengesetzt ist, dass es ein einheitliches Ganzes bildet (…) das ist offenbar mehr als bloß die Summe seiner Bestandteile. Eine Silbe ist nicht die Summe ihrer Laute: ba ist nicht dasselbe wie b plus a, und Fleisch ist nicht dasselbe wie Feuer plus Erde."

5 Englische und französische Etymologie-Wörterbücher datieren die zusätzliche sexuelle Bedeutungsebene des Wortes „intimacy" / „intimité" auf die 1670er Jahre. Für das deutsche „Intimität" erfolgte diese Bedeutungserweiterung vermutlich über den Einfluss des Französischen. Eine exakte Referenz ist jedoch nicht auffindbar. https://www.etymonline.com/word/intimacy oder https://www.cnrtl.fr/etymologie/intimité (Zugriffsdatum: 10.01.2024)

6 So erzählt es die Zeitzeugin Beate Passow in Anke Schaefer (2021): *Wer zweimal mit derselben pennt … Liebe und (Un)treue nach 68.* In: Deutschlandfunk Kultur, 26.05.2021. https://www.deutschlandfunkkultur.de/liebe-und-un-treue-nach-68-wer-zweimal-mit- derselben-pennt-100.html (Zugriffsdatum: 23.11.2023)

7 Eine ausgewogene Betrachtung der sexuellen Revolution und ihrer Folgen bis heute liefert Ulrike Heider (2014): *Vögeln ist schön. Die Sexrevolte von 1968 und was von ihr bleibt.* Berlin: Rotbuch.

8 Feona Attwood (2009, Hrsg.): *Mainstreaming Sex. The Sexualization of Western Culture* London: Bloomsbury.

9 Der Soziologe Peter Gross prägte 1994 den Begriff „Multioptionsszenario". Damals noch Zukunftsmusik, ist diese Gesellschaft heute Realität. Dazu Thomas Eberle (2023): *Vom Joghurt bis zum eigenen Geschlecht: Die moderne westliche Gesellschaft kann auswählen.* In: Neue Zürcher Zeitung, 05.05.2023. https://www.nzz.ch/feuilleton/der-sog-der-multioptionsgesellschaft-ld.1731501 (Zugriffsdatum: 23.22.2023)

10 Das Standardwerk ist Christopher Laschs Studie aus dem Jahr 1979: *The Culture of Narcissism* dt. *Das Zeitalter des Narzißmus* (1986), München: dtv. Ein zeitgenössisches Update liefert der Psychiater Hans-Joachim Maaz (2012): *Die narzisstische Gesellschaft. Ein Psychogramm*, München: dtv.

11 Manfred Spitzer (2018) beschreibt das Problem Einsamkeit und die damit verbundenen gesundheitlichen Konsequenzen eindrücklich in seinem Buch: *Einsamkeit. Die unerkannte Krankheit*, München: Droemer. Auch Denis Newiak (2022) zieht den Vergleich zwischen modernen Gesellschaften und Vereinsamung: *Die Einsamkeiten der Moderne. Eine Theorie der Modernisierung*, Wiesbaden: Springer.

12 Christian Kreiß / Heinz Siebenrock (2019): *Blenden, Wuchern,*

Lamentieren. Wie die Betriebswirtschaftslehre zur Verrohung der Gesellschaft beiträgt, München: Europa-Verlag.

13 Sigmund Freud (1915): *Triebe und Triebschicksale.* Psychologie des Unbewußten, Studienausgabe, Band III, Frankfurt am Main: Fischer, 2000.

14 Charlotte Grieser (2019): *Nie Lust auf Sex – das Phänomen Asexualität.* In: SWR2 Wissen, 10.07.2019. https://www.swr.de/swr2/wissen/nie-lust-auf-sex-phaenomen-der-asexualitaet-100.html (abgerufen am: 12.9.2023). Die Datenlage zu Asexualität und zum Thema Absolute Beginner ist gering, und es gibt bislang kaum wissenschaftliche Studien. Ein Standardwerk auf dem Gebiet ist eine Studie des Psychologen Anthony Bogaert, *Understanding Asexuality* aus dem Jahr 2012.

15 Tobias Hellenschmidt (2022): *Absolute Beginner in der Liebe: Erwachsen und unerfahren.* In: Vivantes Blog, 6.12.2022. https://www.vivantes.de/blog/gesundheit-gesellschaft/absolute-beginner-in-sachen-liebe-erwachsen-und--unerfahren (abgerufen: 23.11.2023)

16 Georg Rüschemeyer (2015): *Das macht die Gefühle.* FAZ, 21.4.2015. https://www.faz.net/aktuell/wissen/leben-gene/oxytocin-wirkung-und-funktion-des-bindungshormon-13546038.html (abgerufen: 23.11.2023)

17 Das Werk wird auf das 2.–3. Jahrhundert n.Chr. datiert und dem Autor Vatsyayana Mallanaga zugeschrieben.

18 Laura Lucas / Duska Roth (2023): *Warum wir uns verlieben.* Deutschlandfunk Kultur, 24.03.2023. https://www.deutschlandfunkkultur.de/warum-verlieben-sich-menschen-102.html (abgerufen: 23.11.2023)

19 Das Konzept der „Fünf Sprachen der Liebe" stammt von dem amerikanischen Paartherapeuten Gary Chapman (2003): *Die Fünf Sprachen der Liebe. Wie Kommunikation in der Ehe gelingt, Marburg: Francke.*

20 Brené Brown (2012): Ted Talk „Auf Scham hören", 16.03.2012: https://www.youtube.com/watch?v=psN1DORYYV0 (abgerufen: 23.11.2023).

Brené Brown hat das Standardwerk zum Thema Verletzlichkeit geschrieben (2013): *Verletzlichkeit macht stark: Wie wir unsere Schutzmechanismen aufgeben und innerlich reich werden,* München: Kailash.

21 Gabriele Frick-Baer (2019): *Die Scham der Frauen und die Scham der Männer.* In: Trauma und Würde, 13.05.2019. https://www.trauma-und-wuerde.de/die-scham-der-frauen-und-die-scham-der-maenner-ein-interview-mit-dr-gabriele-frick-baer/ (Zugriffsdatum: 23.11.2023)

22 Ingrid Leifgen (2014): *Wenn es peinlich wird.* In: kizz, 08.05.2014. https://www.herder.de/kizz/kinderentwicklung-erziehung/schamgefuehl-wenn-es-peinlich-wird/ (abgerufen: 23.11.2023)

23 Brené Brown (2018): *Dare to Lead,* New York: Random House, S. 160 (Übersetzung der Autorin).

24 Brown, Steven et al. (2019): *The Neuroscience of Romeo and Juliet: an fMRI study of acting.* In: The Royal Society Open Science, vol.6, Nr.3 (März 2019).

25 Das Wort „Tantra“ hat mehrere Bedeutungen; es kann mit „Gewebe“ oder „Verbindung“ übersetzt werden, auch mit „System“, „Theorie“ oder „Methode“, es bezeichnet also etwas, das die Dinge zusammenhält, miteinander verbindet und verzahnt. Tantra und Intimität haben also einiges gemeinsam. Wer sich mit dem „alten“ Tantra einmal befassen möchte, dem empfehle ich sehr das leicht verständliche Standardwerk des ausgewiesenen Experten Christopher Wallis (2012): *Licht auf Tantra (Tantra Illuminated). Die Philosophie hinter dem modernen Yoga* (dt. 2023), München, O.W. Barth-Verlag.

26 Miriam Bale (2018): *Donald Sutherland on His Famous Don't Look Now Sex Scene.* In: Vulture, 06.03.2018. https://www.vulture.com/2018/03/donald-sutherland-on-his-famous- dont-look-now-sex-scene.html (abgerufen: 17.11.2023)

27 Der Begriff wurde durch den amerikanischen Mythenforscher Joseph Campbell geprägt. Sein Buch liegt in deutscher Sprache vor als: *Der Heros in tausend Gestalten*, Frankfurt am Main: Insel.28 Das altgriechische κάθαρσις bedeutet „Reinigung“. Aristoteles, *Poetik*, Kap. 6, 1449b26.

29 Giacomo Rizzolatti, Corrado Sinigaglia (2008): *Empathie und Spiegelneurone: Die biologische Basis des Mitgefühls,* Frankfurt am Main: Suhrkamp.

30 Sie wurde erstmalig 1913 durch den Philosophen und Anthropologen Max Scheler beschrieben, 1923 veröffentlicht als: *Wesen und Formen der Sympathie,* Bonn: F. Cohen.

31 Rasmussen & Bliss (2014): *Beneath the surface: An exploration of neurobiological alterations in therapists working with trauma.* In: Smith College Studies in Social Work, 84(2°3), 332–349 (S. 337).

32 Gerhard Roth (2015): *Wie das Gehirn die Seele macht. Wie die Seele das Gehirn macht.* Institut für Hirnforschung der Universität Bremen. https://www.fruehehilfen.de/fileadmin/user_upload/fruehehilfen.de/pdf/Tagung_Weichen_Folie_Roth.pdf (abgerufen: 26.12.2023)

33 Michelle Trieu et al. (2019): *Neurobiology of empathy.* In: Foster & Yaseen (Hrsg.), Teaching Empathy in Healthcare, (S.17–39), Zürich: Springer.

34 Tobias Ruland (2015): *Die Psychologie der Intimität,* Stuttgart: Klett-Cotta: S. 13.

35 Mark Olsen (2004): *Sofia Coppola. Cool and the Gang.* In: Sight and Sound, Januar 2004, S. 15.

36 Eric Kohn (2021): *Sofia Coppola and Editor Sarah Flack.* In: Indie Wire Influencers, 19.01.2021. https://www.indiewire.com/influencers/sofia-coppola-sarah-flack/ (abgerufen: 23.11.2023)

37 Eine Überblicksgeschichte findet sich bei Ruth Barcan (2004): *Nudity: A Cultural Anatomy,* Oxford: Berg.

38 Kevin Bacon (2015): *Kevin Bacon Demands More Male Nudity in Hollywood.* In: Mashable Screening, 04.08.2015. https://www.youtube.com/watch?v=3Dt3IrdampY (abgerufen: 23.11.2023)

39 Frühe Beispiele sind „After the Ball“ (1897) von George Méliès und der erste Striptease der Filmgeschichte, Albert Kirchners „Le Coucher de la Mariée“ (1896).

40 Geena Davis Institute on Gender and Media (2019): *Rewrite her Story. How Film and Media Stereotypes affect the Lives and Leadership Ambitions of Girls and Young Women:* https://seejane.org/research-informs-empowers/rewrite-her-story/ (abgerufen: 23.11.2023)

41 Alyssa Morterud (2022): *The Misrepresentation of BDSM in Fifty Shades of Grey.* In: Respark, 10.03.2022. https://respark.co/blog/the-misrepresentation-of-bdm-in-fifty- shades-of-grey/ (abgerufen: 23.11.2023)

42 Kevin Jagernauth (2013): *'Blue Is The Warmest Color' Author Julie Maroh Not Pleased With Graphic Sex In Film, Calls It „Porn".* In: Indiewire, 28.05.2013. https://www.indiewire.com/news/general-news/blue-is-the-warmest-color-author-julie-maroh-not-pleased-with-graphic-sex-in-film-calls-it- porn-97557/ (abgerufen: 23.11.2023)

43 Die Hauptdarstellerin Trine Dyrholm verglich die genaue Planung und Vorbereitung dieser Szene mit der Planung und Vorbereitung einer Stuntszene, was allen Beteiligten zu großer Sicherheit verhalf und dafür sorgte, dass sich alle beim Dreh wohlfühlten: *Trine Dyrholm om sexscener: De var planlagt som stuntscener.* https://underholdning.tv2.dk/video/OTZXN2x2eTlmZDVXMWg3dXVuT3NiOU5zX1pfSVhhak8 (abgerufen: 28.01.2024)

44 Koole & Sin (2013): *That Human Touch that means so much: Exploring the tactile dimension of social life.* In: The Inquisitive Mind, 02/2013 (17). https://www.in- mind.org/issue/02-2013 (Zugriffsdatum: 23.11.2023); und Wagner et al. (2020): *Touch me just enough: The intersection of adult attachment, intimate touch, and marital satisfaction.* In: Journal of Social and Personal Relationships, 37(6), 1945-1967.

45 Floyd et al. (2009): *Kissing in marital and cohabiting relationships: Effects on blood lipids, stress, and relationship satisfaction.* In: Western Journal of Communication, 73(2), 113–133.

46 „Häusliche Gewalt ist keine Privatsache". Lagebild „Häusliche Gewalt" des Bundeskriminalamtes, 11.Juli 2023. https://www.bundesregierung.de/breg- de/aktuelles/lagebild-haeusliche-gewalt-2201488 (abgerufen: 29.12.2023)

47 Eine aktuelle Studie (2021) hierzu wurde von der Hochschule Merseburg vorgelegt und ist im Internet abrufbar: Bathke, G.-W. et al. (Hrsg., 2021): *PARTNER 5. Erwachsenensexualität 2020.* Tabellenband. Merseburg: Hochschule Merseburg. https://www.ifas-home.de/wp-content/uploads/2023/01/Tabellenband-P5-Erwachsene-FINAL.pdf (abgerufen: 23.11.2023)

48 Eine Dokumentation zu diesem Thema findet sich hier: Aliénor Carrière (2023): *Only Yes means Yes – the Story of a European Law on Rape.* In: Arte, Oktober 2023. https://www.arte.tv/en/videos/113043-120-A/only-yes-means-yes-the-story-of-a-european- law-on-rape/ (abgerufen: 15.11.2023)

49 „Sexual Consent". In: *Planned Parenthood.* https://www.plannedparenthood.org/learn/relationships/sexual-consent (abgerufen: 23.11.2023)

50 Die Website Rotten Tomatoes, welche sämtliche Rezensionen zu einem Film zu einem Gesamt-Score zusammenfasst, listet *365 Tage* als einen von nur 43 Filmen, die die Gesamtbewertung 0 % aufweisen. Stand November 2023: https://www.rottentomatoes.com/m/365_days_2020

51 Parship (2021): *Toxische Beziehung – wenn die Liebe giftig ist.* In: Parship, 04.02.2021. https://www.parship.de/studien/parship-studie-toxische-beziehung-wenn-die-liebe-giftig- ist/ (abgerufen: 23.11.2023)

52 Rebecca Ford (2015): *'Fifty Shades of Grey' Director: Working with EL James was "really frustrating".* In: Hollywood Reporter, 09.02.2015. https://www.hollywoodreporter.com/news/general-news/fifty-shades-grey-director-working- 767327/ (abgerufen: 30.10.2023). Alle drei Filme sind aufgrund des dokumentierten Machtmissbrauchs ihrer Regisseure unrühmlich in die Filmgeschichte eingegangen. Zu 9 ½ Wochen: Nina Darnton (1986): *How 9 ½ Weeks pushed one Actress to the Edge.* In: New York Times, 09.03.1986. https://www.nytimes.com/1986/03/09/movies/how-9-1-2- weeks-pushed-an-actress-to-the-edge.html (abgerufen: 23.11.2023)

53 Alie Benge (2020): *Are you lost, baby girl? Fear and Fantasy in Netflix's 365 Days.* In: The Spinoff: https://thespinoff.co.nz/pop-culture/11-07-2020/are-you-lost-baby-girl-fear-and-fantasy-in-netflixs-365-days (abgerufen 30.10.2023)

54 Bernardo Bertolucci (2013): Interview in der TV-Sendung „College Tour", 02.02.2013. https://www.youtube.com/watch?v=2UOt-7cOgMUw (abgerufen: 30.10.2023)

55 Vanessa Schneider (2018): *Tu t'appelais Maria Schneider (Dein Name war Maria Schneider)*, Paris: Grasset.

56 Deutschland konsumiert mit 12,4 % des weltweiten Traffic im internationalen Vergleich die meiste Pornografie. Schätzungen zufolge

schauen rund 90 % Männer und rund 50 % Frauen in Deutschland regelmäßig Pornos. Rund ½ Millionen Menschen gelten in Deutschland als pornosüchtig. Ein Überblick findet sich hier: Ewert / Demann (2023): *Das solltest Du über „Pornosucht" wissen.* In: Quarks, 31.08.2023. https://www.quarks.de/gesundheit/pornosucht-internet-sexsucht-pornografie-psychologie/ (abgerufen: 23.11.2023); Techniker Krankenkasse (2021): *Porno-Statistik,* 26.08.2021. https://www.tk.de/techniker/magazin/digitale-gesundheit/spezial/mypornme/zehn-nackte- tatsachen-zu-pornografie-2090126 (abgerufen: 23.11.2023)

57 Duane Osterlind (2018): *The Digital Age – Relationships, Intimacy and Porn with Robert Weiss.* In: The Addicted Mind Podcast, 10. Mai 2018. https://theaddictedmind.com/episode-37-the-digital-age-relationships-intimacy-porn-with- robert-weiss/ (abgerufen: 23.11.2023)

58 B.Y. Park et al (2018): *Is Internet Pornography Causing Sexual Dysfunctions? A Review with Clinical Reports.* In: Behavioral Science (Basel), 6,17.

59 Kühn / Gallinat (2014): *Structural Correlates and Functional Connectivity Associated With Pornography Consumption. The Brain on Porn.* In: JAMA Psychiatry 2014; 71(7): 827-834.

Eine Informationsseite, welche neurologische Studien im Bereich der sexuellen Zwangsstörung und ihrer Unterkategorie Pornonutzungsstörung auflistet und fortlaufend aktualisiert, ist: Your Brain on Porn. https://www.yourbrainonporn.com/relevant-research-and-articles-about-the-studies/brain- studies-on-porn-users-sex-addicts/ (abgerufen: 28.9.2023)

60 Jan Klein (2022): *Pornosucht. Gefahren und Lösungen, mit Dr. Heike Melzer.* In: Jan Klein Podcast, 2. August 2022. https://deutsch-epodcasts.de/podcast/erfolgsgewohnheiten/pornosucht-gefahren-losungen- mit-therapeutin-dr-he (abgerufen: 23.11.2023)

61 Heike Melzer (2018) beschreibt in ihrem Buch sehr eindrücklich die Problematik von Sex- und Pornosucht und Wege aus der Sucht hin zu einem gesunden, liebevollen Verhältnis zu sich selbst und zu Intimität: *Scharfstellung,* Berlin: Tropen.

62 Jakob Hayner: *Masturbationsmaschinen mit Doppelwumms.* In: Welt, 31.10.2022. https://www.welt.de/kultur/article241810401/

Erotikmesse-venus-Masturbationsmaschinen-mit-Doppelwumms.html (abgerufen: 28.9.2023)

63 John Finch (2023): *Arousal non-concordance and involuntary sexual response.* In: Centre for Clinical Psychology, 15.03.2023. https://psychpd.com.au/arousal-non-concordance-and-involuntary-sexual-response/#:~:text="Arousal%20non%2Dconcordance%20is%20the,not%20about%20desire%20is%20important (abgerufen: 23.11.2023)

Filmografie

Abrahamson, Lenny / Macdonald, Hettie (2020): *Normal People* (Serie, Hulu), Irland: Element Pictures / Screen Ireland.

Benioff, David / Weiss, D.B. (2011-2019): *Game of Thrones* (Serie, HBO), USA: HBO Entertainment.

Bertolucci, Bernardo (1972): *Der letzte Tango in Paris (Le dernier Tango à Paris)*, Italien/Frankreich: Produzionie Europee Associati/ Les Productions Artistes associées.

Bialowas, Barbara (2020): *365 Tage (365 Days)*, Polen: Ekipa / Future Space / Next Film.

Burton, Tim (1990): *Edward mit den Scherenhänden* (Edward Scissorhands), USA: 20th Century Fox.

Cameron, James (1997): *Titanic*, USA: Paramount Pictures/20th Century Fox.

Coel, Michaela (2020): *I may destroy you* (Serie, HBO), Großbritannien: Various Artists Limited / Falkna Productions.

Coppola, Sofia (2003): *Lost in Translation*, USA: American Zoetrope Film/Elemental Films.

Curtiz, Michael (1942): *Casablanca*, USA: Warner Bros. Company.

Dresen, Andreas (2008): *Wolke 9*, Deutschland: Rommel Film.

Edison, Thomas (1896): *Der Kuss (The Kiss)*, USA.

Ephron, Nora (1993): *Schlaflos in Seattle (Sleepless in Seattle)*, USA: TriStar Pictures.

Fleming, Victor (1939): *Vom Winde verweht (Gone with the Wind)*, USA: Selznick International. / Metro-Goldwyn-Mayer.

Guadagnino, Luca (2017): *Call me by your Name*, Italien/USA/ Frankreich/Brasilien: Frenesy Film Company / La Cinéfacture / RT Features / M.Y.R.A. Entertainment / Water's End Productions.

Hardwicke, Catherine (2008): *Twilight – Biss zum Morgengrauen (Twilight)*, USA: Temple Hill Entertainment, Maverick Films, Aura Films.

Kechiche, Abdellatif (2013): *Blau ist eine warme Farbe (La Vie d'Adèle)*, Frankreich: Quat'Sous Film / Wild Bunch.

Kirchner, Albert (1896): *Die Verheiratete geht zu Bett (Le Coucher de la Mariée)*, Frankreich.

Lee, Ang (2005): *Brokeback Mountain*, USA: River Road Entertainment.

Linklater, Richard (1995): *Before Sunrise*, USA: Castle Rock Entertainment; (2004): *Before Sunset*, USA: Castle Rock Entertainment; (2013): *Before Midnight*, USA: Castle Rock Entertainment.

Luhrman, Baz (1996): *William Shakespeares Romeo + Julia* (William Shakespeare's Romeo + Juliet), USA/Mexiko/Australien/Kanada: Bazmark Productions.

McQueen, Steve (2011): *Shame*, Großbritannien: Film4/UK Film Council / Alliance Films / HanWay Films / Lipsync Productions.

Méliès, Georges (1897): *Nach dem Ball (Après le bal)*, Frankreich: Star Film Company.

Noé, Gaspar (2002): *Irreversibel (Irréversible)*, Frankreich: Les Cinémas de la Zone / StudioCanal.

Nunn, Laurie (2019): *Sex Education* (Serie, Netflix), Großbritannien: Eleven Film.

Percival, Brian (2004): *North and South* (Serie, BBC), Großbritannien: BBC.

Redford, Robert (1998): *Der Pferdeflüsterer* (The Horse Whisperer), USA: Touchstone Pictures.

Reiner, Rob (1989): *Harry und Sally (When Harry met Sally)*, USA: Castle Rock Entertainment / Nelson Entertainment.

Roeg, Nicolas (1973): *Wenn die Gondeln Trauer tragen (Don't look now)*, USA: Casey Productions / Eldorado Films.

Taylor-Johnson, Sam (2015): *Shades of Grey (Fifty Shades of Grey)*, USA: Focus Features.

Trier, Lars von (2013): *Nymphomaniac vol. 1+2*, Dänemark: Zentropa Entertainments.

Verhoeven, Paul (1995): *Showgirls*, USA: Carolco Pictures.

Zucker, Jerry (1990): *Ghost – Nachricht von Sam (Ghost)*, USA: Paramount Pictures.

Bibliografie

Bücher

Aristoteles: *Metaphysik*, Bücher VII und VIII. Griechisch-Deutsch, übers. Wolfgang Detel (2009), Frankfurt: Suhrkamp.

Aristoteles: *Poetik*. Griechisch-Deutsch, übers. Manfred Fuhrmann (1994), Leipzig: Reclam.

Attwood, Feona (2009): *Mainstreaming Sex. The Sexualization of Western Culture*, London: Bloomsbury.

Barcan, Ruth (2004): *Nudity. A Cultural Anatomy*. Oxford: Berg.

Bogaert, Anthony (2015): *Understanding Asexuality*, reprint, Washington, D.C: Rowman & Littlefield.

Brown, Brené (2013): *Verletzlichkeit macht stark: Wie wir unsere Schutzmechanismen aufgeben und innerlich reich werden*, München: Kailash.

Brown, Brené (2018): *Dare to Lead*, New York: Random House.

Campbell, Joseph (1999): *Der Heros in tausend Gestalten*, Frankfurt am Main: Insel.

Chapman, Gary (2003): *Die Fünf Sprachen der Liebe. Wie Kommunikation in der Ehe gelingt*, Marburg: Francke.

Drouin, Michelle (2022): *Out of Touch: How to Survive an Intimacy Famine*, Cambridge, Massachusetts: The MIT Press.

Freud, Sigmund (1915): *Triebe und Triebschicksale. Psychologie des Unbewußten*, Studienausgabe, Band III, Frankfurt am Main: Fischer, 2000.

Heider, Ulrike (2014): *Vögeln ist schön. Die Sexrevolution von 1968 und was von ihr bleibt*. Berlin: Rotbuch.

Kreiß, Christian / Siebenrock, Heinz (2019): *Blenden, Wuchern, Lamentieren. Wie die Betriebswirtschaftslehre zur Verrohung der Gesellschaft beiträgt*, München: Europa-Verlag.

Lasch, Christopher (1979): *The Culture of Narcissism*, dt. Das Zeitalter des Narzißmus (1986), München: dtv.

Maaz, Hans-Joachim (2012): *Die narzisstische Gesellschaft. Ein Psychogramm*, München: dtv.

Mallanaga, Vatsyayana: *Kama Sutra*, übers. und hrsg. Klaus Mylius (1999), Stuttgart: Reclam.

Melzer, Heike (2022): *Scharfstellung*, 2. Aufl., Berlin: Tropen.

Newiak, Denis (2022): *Die Einsamkeiten der Moderne. Eine Theorie der Modernisierung*, Wiesbaden: Springer.

Spitzer, Manfred (2018): *Einsamkeit. Die unerkannte Krankheit*, München: Droemer.

Rizzolatti, Giacomo/Sinigaglia, Corrado (2008): *Empathie und Spiegelneurone: Die biologische Basis des Mitgefühls*, Frankfurt am Main: Suhrkamp.

Ruland, Tobias (2015): *Die Psychologie der Intimität*, Stuttgart: Klett-Cotta.

Scheler, Max (1923): *Wesen und Formen der Sympathie. Der „Phänomenologie d. Sympathiegefühle"*, 2. Aufl., Bonn: F. Cohen.

Schneider, Vanessa (2018): *Tu t'appelais Maria Schneider (Dein Name war Maria Schneider)*, Paris: Grasset.

Wallis, Christopher (2012): *Licht auf Tantra. Die Philosophie hinter dem modernen Yoga* (Tantra Illuminated) (dt. 2023), München: O.W. Barth Verlag.

Wilson, Gary (2017): *Your Brain on Porn: Internet Porn and the Emerging Science of Addiction*. Commonwealth Publishing.

Videos und Podcasts

Bacon, Kevin (2015): *Kevin Bacon Demands More Male Nudity in Hollywood*. In: Mashable Screening, 04.08.2015. https://www.youtube.com/watch?v=3Dt3IrdampY (Zugriffsdatum: 23.11.2023).

Bertolucci, Bernardo (2013): Interview in der TV-Sendung "College Tour", 02.02.2013. https://www.youtube.com/watch?v=2UOt7cOgMUw (Zugriffsdatum: 30.10.2023).

Brown, Brené (2012): Ted Talk *„Auf Scham hören"*, 16.03.2012. https://www.youtube.com/watch?v=psN1DORYYV0 (Zugriffsdatum: 23.11.2023).

Carrière, Aliénor (2023): *Only Yes means Yes – the Story of a European Law on Rape.* In: Arte, Oktober 2023. https://www.arte.tv/en/videos/113043-120-A/only-yes-means-yes-the-story-of-a-european-law-on-rape/ (Zugriffsdatum: 15.11.2023).

Klein, Jan (2022): *Pornosucht. Gefahren und Lösungen*, mit Dr. Heike Melzer. In: Jan Klein Podcast, 2. August 2022. https://deutschepodcasts.de/podcast/erfolgsgewohnheiten/pornosucht-gefahren-losungen-mit-therapeutin-dr-he (Zugriffsdatum: 23.11.2023).

Osterlind, Duane (2018): *The Digital Age – Relationships, Intimacy and Porn with Robert Weiss.* In: The Addicted Mind Podcast, 10. Mai 2018. https://theaddictedmind.com/episode-37-the-digital-age-relationships-intimacy-porn-with-robert-weiss/ (Zugriffsdatum: 23.11.2023).

Seerup, Thomas Jørgen (2022): *Trine Dyrholm om sexscener: De var planlagt som stuntscener.* https://underholdning.tv2.dk/video/OTZXN2x2eTlmZDVXMWg3dXVuT3NiOU5zX1pfSVhhak8 (Zugriffsdatum: 28.01.2024)

Artikel, Interviews, Studien

Bale, Miriam (2018): Donald Sutherland on His Famous *Don't Look Now Sex Scene.* In: Vulture, 06.03.2018. https://www.vulture.com/2018/03/donald-sutherland-on-his-famous-dont-look-now-sex-scene.html (Zugriffsdatum: 17.11.2023).

Bathke, G.-W. et al. (Hrsg., 2021): PARTNER 5. Erwachsenensexualität 2020. Tabellenband. Merseburg: Hochschule Merseburg. https://www.ifas-home.de/wp-content/uploads/2023/01/Tabellenband-P5-Erwachsene-FINAL.pdf (Zugriffsdatum: 23.11.2023).

Benge, Alie (2020): *Are you lost, baby girl? Fear and Fantasy in Netflix's 365 Days.* In: The Spinoff, 11.07.2020. https://thespinoff.co.nz/pop-culture/11-07-2020/are-you-lost-baby-girl-fear-and-fantasy-in-netflixs-365-days (Zugriffsdatum: 30.10.2023).

Brown, Steven et al. (2019): *The Neuroscience of Romeo and Juliet: an fMRI study of acting.* In: The Royal Society Open Science, vol.6, Nr.3 (März 2019).

Darnton, Nina (1986): *How 9 ½ Weeks pushed one Actress to the Edge.* In: New York Times, 09.03.1986. https://www.nytimes.com/1986/03/09/movies/how-9-1-2-weeks-pushed-an-actress-to-the-edge.html (Zugriffsdatum: 23.11.2023).

Diamond, Jed (2017): *The One Thing Men Want More than Sex.* In: The Good Men Project. 17.02.2017. https://goodmenproject.com/sex-relationships/the-one-thing-men-want-more-than-sex-wcz/ (Zugriffsdatum: 7.9.2023). übers. in: Focus, 30.06.2023. https://www.focus.de/familie/eltern/eltern-berichten/beziehung-was-maenner-mehr-wollen-als-sex-und-warum-frauen-es-ihnen-oft-nicht-geben-koennen_id_10237642.html (Zugriffsdatum: 7.9. 2023).

Eberle, Thomas (2023): *Vom Joghurt bis zum eigenen Geschlecht: Die moderne westliche Gesellschaft kann auswählen*, in: Neue Zürcher Zeitung, 05.05.2023. https://www.nzz.ch/feuilleton/der-sog-der-multioptionsgesellschaft-ld.1731501 (Zugriffsdatum: 23.22.2023).

Ebert, Roger (2010): *Fugue in D Lonely. Lost in Translation.* In: RogerEbert.com, 04.08.2010. https://www.rogerebert.com/reviews/great-movie-lost-in-translation-2003 (Zugriffsdatum: 23.11.2023).

El Ouassil, Samira (2020): Der Hunger nach Haut. In: Spiegel, 21.05.2020. https://www.spiegel.de/kultur/der-hunger-nach-haut-a-5927996d-661a-40d8-a261-2ef082336d97#:~:text=Hauthunger.,Sinnesorgan%20verhungert%20ohne%20das%20Tasten (Zugriffsdatum: 23.11.2023).

Ewert, Julia / Demann, Julia (2023): *Das solltest Du über „Pornosucht" wissen.* In: Quarks, 31.08.2023. https://www.quarks.de/gesundheit/pornosucht-internet-sexsucht-pornografie-psychologie/ (Zugriffsdatum: 23.11.2023).

Finch, John (2023): *Arousal non-concordance and involuntary sexual response.* In: Centre for Clinical Psychology, 15.03.2023. https://psychpd.com.au/arousal-non-concordance-and-involuntary-sexual-response/#:~:text="Arousal%20non%2Dconcordance%20is%20the,not%20about%20desire%20is%20important (Zugriffsdatum: 23.11.2023).

Floyd, K. et al. (2009): *Kissing in marital and cohabiting relationships: Effects on blood lipids, stress, and relationship satisfaction.* In: Western Journal of Communication, 73(2), 113-133.

Ford, Rebecca (2015): *'Fifty Shades of Grey' Director: Working with EL James was "really frustrating".* In: Hollywood Reporter, 09.02.2015. https://www.hollywoodreporter.com/news/general-news/fifty-shades-grey-director-working-767327/ (Zugriffsdatum: 30.10.2023).

Frick-Baer, Gabriele (2019): *Die Scham der Frauen und die Scham der Männer.* In: Trauma und Würde, 13.05.2019. https://www.trauma-und-wuerde.de/die-scham-der-frauen-und-die-scham-der-maenner-ein-interview-mit-dr-gabriele-frick-baer/ (Zugriffsdatum: 23.11.2023).

Geena Davis Institute on Gender and Media (2019): *Rewrite her Story. How Film and Media Stereotypes affect the Lives and Leadership Ambitions of Girls and Young Women.* https://seejane.org/research-informs-empowers/rewrite-her-story/ (Zugriffsdatum: 23.11.2023).

Grieser, Charlotte (2019): *Nie Lust auf Sex – das Phänomen Asexualität.* In: SWR2 Wissen, 10.07.2019. https://www.swr.de/swr2/wissen/nie-lust-auf-sex-phaenomen-der-asexualitaet-100.html (Zugriffsdatum: 12.9.2023).

Hayner, Jakob: *Masturbationsmaschinen mit Doppelwumms.* In: Welt, 31.10.2022. https://www.welt.de/kultur/article241810401/Erotikmesse-venus-Masturbationsmaschinen-mit-Doppelwumms.html (Zugriffsdatum: 28.9.2023).

Hellenschmidt, Tobias (2022): *Absolute Beginner in der Liebe: Erwachsen und unerfahren.* In: Vivantes Blog, 6.12.2022. https://www.vivantes.de/blog/gesundheit-gesellschaft/absolute-beginner-in-sachen-liebe-erwachsen-und-unerfahren (Zugriffsdatum: 23.11.2023).

„Intimacy". In: *Online Etymology Dictionary.* https://www.etymonline.com/word/intimacy (Zugriffsdatum: 23.11.2023).

„Intimität". In: *Duden.* https://www.duden.de/rechtschreibung/Intimitaet (Zugriffsdatum: 23.11.2023).

„Intimité". In: *Centre National de Ressources Textuelles et Lexicales (CNRTL).* https://www.cnrtl.fr/etymologie/intimité (Zugriffsdatum: 23.11.2023).

Jagernauth, Kevin (2013): *'Blue Is The Warmest Color'* Author Julie Maroh Not Pleased With Graphic Sex In Film, Calls It "Porn". In: Indiewire, 28.05.2013. https://www.indiewire.com/news/general-news/blue-is-the-warmest-color-author-julie-maroh-not-pleased-with-graphic-sex-in-film-calls-it-porn-97557/ (Zugriffsdatum: 23.11.2023).

König, Anna Maria (2022): *„Zwischen skin hunger und leiblicher Vulnerabilität: Phänomenologische Annäherungen an die Erfahrung von Berührungsentzug"*. In: LIMINA - Grazer theologische Perspektiven, 5(1), S. 116–137. https://www.limina-graz.eu/index.php/limina/article/view/118 (Zugriffsdatum: 23 November 2023).

Kohn, Eric (2021): *Sofia Coppola and Editor Sarah Flack*. In: Indie Wire Influencers, 19.01.2021. https://www.indiewire.com/influencers/sofia-coppola-sarah-flack/ (Zugriffsdatum: 23.11.2023).

Kühn, S. / Gallinat, J. (2014): *Structural Correlates and Functional Connectivity Associated with Pornography Consumption. The Brain on Porn.* In: JAMA Psychiatry 2014; 71(7): 827–834.

Leifgen, Ingrid (2014): *Wenn es peinlich wird*. In: kizz, 08.05.2014. https://www.herder.de/kizz/kinderentwicklung-erziehung/schamgefuehl-wenn-es-peinlich-wird/ (Zugriffsdatum: 23.11.2023).

Lucas, Laura / Roth, Duska (2023): *Warum wir uns verlieben*. In: Deutschlandfunk Kultur, 24.03.2023. https://www.deutschlandfunkkultur.de/warum-verlieben-sich-menschen-102.html (Zugriffsdatum: 23.11.2023).

Morterud, Alyssa (2022): *The Misrepresentation of BDSM in Fifty Shades of Grey*. In: Respark, 10.03.2022. https://respark.co/blog/the-misrepresentation-of-bdm-in-fifty-shades-of-grey/ (Zugriffsdatum: 23.11.2023).

Olsen, Mark Olsen (2004): *Sofia Coppola. Cool and the Gang*. In: Sight and Sound, Januar 2004.

Parship (2021): *Toxische Beziehung – wenn die Liebe giftig ist*. In : Parship, 04.02.2021. https://www.parship.de/studien/parship-studie-toxische-beziehung-wenn-die-liebe-giftig-ist/ (Zugriffsdatum: 23.11.2023).

Park BY et al (2016): *Is Internet Pornography Causing Sexual Dysfunctions? A Review with Clinical Reports*. In: Behavioral Science (Basel), 6,17.

Rasmussen & Bliss (2014): *Beneath the surface: An exploration of neurobiological alterations in therapists working with trauma.* In: Smith College Studies in Social Work, 84(2°3), 332–349.

Rüschemeyer, Georg (2015): *Das macht die Gefühle.* In: Frankfurter Allgemeine Zeitung, 21.4.2015. https://www.faz.net/aktuell/wissen/leben-gene/oxytocin-wirkung-und-funktion-des-bindungshormon-13546038.html (Zugriffsdatum: 23.11.2023).

Schaefer, Anke (2021): *Wer zweimal mit derselben pennt…Liebe und (Un)treue nach 68.* In: Deutschlandfunk Kultur, 26.05.2021. https://www.deutschlandfunkkultur.de/liebe-und-un-treue-nach-68-wer-zweimal-mit-derselben-pennt-100.html (Zugriffsdatum: 23.11.2023).

„Sexual Consent". In: *Planned Parenthood.* https://www.plannedparenthood.org/learn/relationships/sexual-consent (Zugriffsdatum 23.11.2023).

Siller, Nicole (2022): *Sehnsucht nach Berührung. Wenn es um mehr als nur um Sex geht.* In: Der Standard, 7.10.2022. https://www.derstandard.de/story/2000139663047/sehnsucht-nach-beruehrung-wenn-es-um-mehr-als-nur-um (Zugriffsdatum: 18.11.2023).

Techniker Krankenkasse (2021): Porno-Statistik, 26.08.2021. https://www.tk.de/techniker/magazin/digitale-gesundheit/spezial/mypornme/zehn-nackte-tatsachen-zu-pornografie-2090126 (Zugriffsdatum: 23.11.2023).

Thomson (2003): *Tokyo Story.* In: Filmmaker Magazine (Herbst 2003). https://www.filmmakermagazine.com/archives/issues/fall2003/features/tokyo_story.php (Zugriffsdatum: 23.11.2023).

Trieu, Michelle et al. (2019). Neurobiology of Empathy. In: Foster & Yaseen (Hrsg.), *Teaching Empathy in Healthcare,* (S.17–39), Zürich: Springer.

Wagner, S. A. et al. (2020): *Touch me just enough: The intersection of adult attachment, intimate touch, and marital satisfaction.* In: Journal of Social and Personal Relationships, 37(6), 1945–1967.

Wilson, Gary: *Gehirnstudien über Pornokonsumenten und Sexsüchtige.* In Your Brain on Porn. https://www.yourbrainonporn.com/relevant-research-and-articles-about-the-studies/brain-studies-on-porn-users-sex-addicts/ (Zugriffsdatum: 28.9.2023).